W0062649

ein Ullstein Sachbuch

Ullstein Buch Nr. 4117
im Verlag Ullstein GmbH,
Frankfurt/M — Berlin — Wien
Titel der französischen
Originalausgabe:
»Le Tissage«
Übersetzt von Ilse Schwaiger

Deutsche Erstausgabe

Umschlagentwurf:
Hansbernd Lindemann
Umschlagfoto:
Egbert Burmester
Alle Rechte vorbehalten
© Jean-Pierre Delarge, Editions
Universitaires, 1977
Deutsche Ausgabe © 1978 by
Verlag Ullstein GmbH,
Frankfurt/M — Berlin — Wien
Printed in Germany 1978
Gesamtherstellung:
Augsburger Druck- und
Verlagshaus GmbH
ISBN 3 548 04117 5

CIP-Kurztitelaufnahme
der Deutschen Bibliothek:

Habert, Janine
Gewebte Handarbeiten:
alte Technik, neu entdeckt /
Janine u. Jean Pierre Habert.
[Übers. von Ilse Schwaiger].
— Dt. Erstausg. —
Frankfurt/M, Berlin, Wien:
Ullstein, 1978.
  ([Ullstein-Bücher]
  Ullstein-Buch; Nr. 4117:
  Ullstein-Sachbuch)
  Einheitssacht.: Le tissage ⟨dt.⟩
  ISBN 3-548-04117-5

NE: Habert, Jean Pierre:

Janine und Jean Pierre Habert

Gewebte Handarbeiten

Alte Technik —
neu entdeckt

ein Ullstein Sachbuch

Inhalt

Vorwort

Weben kann bereits von den ersten Webarbeiten an leichtfallen, Vergnügen machen und sogar von praktischem Nutzen sein, wenn man darauf achtet, die Schwierigkeitsgrade des Webens nur allmählich zu steigern.

Die Webtechnik läßt sich ohne Mühe anhand der Herstellung von Teppichen, Vorhängen und Kleidungsstücken für die gesamte Familie erlernen. Damit Ihnen keine wesentlichen Grundbegriffe entgehen, sollten Sie unserem Buch Schritt für Schritt folgen und kein Kapitel überspringen.

Für jene Leser, die keine Lust haben, alle Webarbeiten anzufertigen, haben wir eine Übersicht über die Webtechnik erstellt, die Sie am Ende des Buches finden und zu Rate ziehen können, wenn Ihnen ein Begriff unklar ist.

Abgesehen davon waren wir bestrebt, Prinzip und Handhabung der größtmöglichen Anzahl von Webstühlen zu beschreiben. Zu den komplizierteren Webstühlen finden Sie detaillierte Schemata.

Natürlich können die Webarbeiten, die Teppiche und Wandteppiche, die auf einem von uns vorgeschlagenem Webstuhl hergestellt werden auch ohne Schwierigkeit auf einem Webstuhl Ihrer Wahl gewebt werden.

In jedem Kapitel trennen wir die Beschreibung des Webstuhls und seiner Handhabung von der anzuwendenden Webtechnik.

Damit Sie in der Lage sind, alle Bücher über Weben lesen zu können, verwenden wir nur allgemeinübliche Fachausdrücke. Wir führen Sie außerdem in die internationalen Webkodes ein, die es den Webern aus allen Ländern ermöglichen, sich miteinander ohne Hilfe der Sprache nur mit zeichnerischen Darstellungen zu verständigen.

Was ist das Weben?

Es ist die Verkreuzung geschmeidiger Fäden zu einem Flächengebilde: dem Stoff.

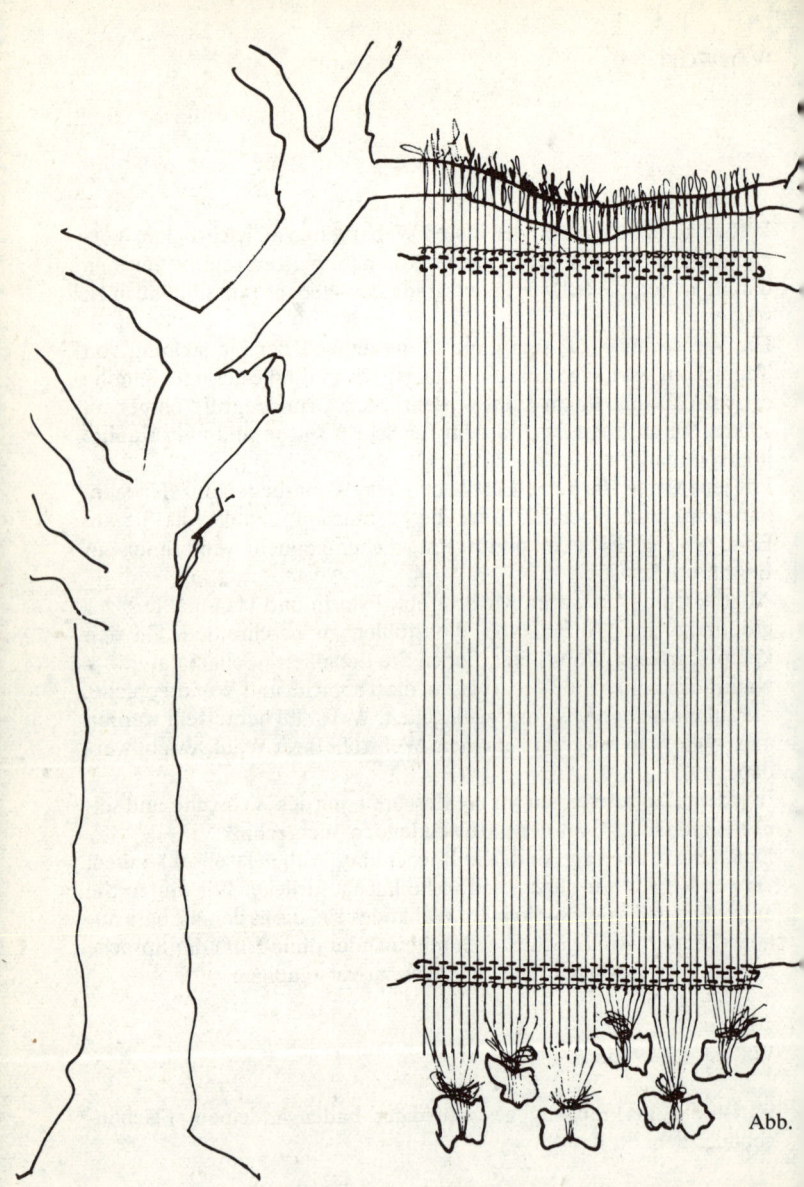

Abb.

Wie stellt man diese Verkreuzung her?

– Bei der Korbware, die eine Verflechtung steifer Stränge ist, mit den Fingern.
– Beim Stoff, der eine Verflechtung geschmeidiger Stränge ist, mit dem Webstuhl.

Wozu dient der Webstuhl?

1. Um einen Teil der zu verkreuzenden Fäden zu spannen.
Diese gespannten Fäden werden Kettfäden genannt; im weiteren Sinn heißen sie die Kette.
Auf den Abbildungen 1-2-3 sehen Sie einige Arten, die Kettfäden zu spannen.
Diese aufgespannten Fäden lassen sich leicht mit den Schußfäden – im weiteren Sinn der Schuß – verflechten. Die Schußfäden werden auf einen Stab, den man Weberschiffchen nennt, aufgewickelt.
Damit sich die Kette mit dem Schuß verkreuzt, muß man den Schuß zuerst unter alle ungeraden Kettfäden und dann in der nächsten Schußreihe unter alle geraden Kettfäden hindurchführen (Abb. 4).

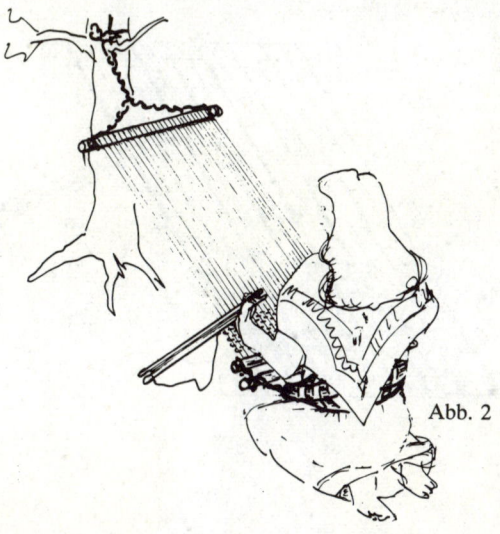

Abb. 2

9

Diese Verkreuzung kann schneller verwirklicht werden, wenn immer alle geraden und dann alle ungeraden Kettfäden mit einem Mal angehoben werden: das ist die zweite Aufgabe des Webstuhls.

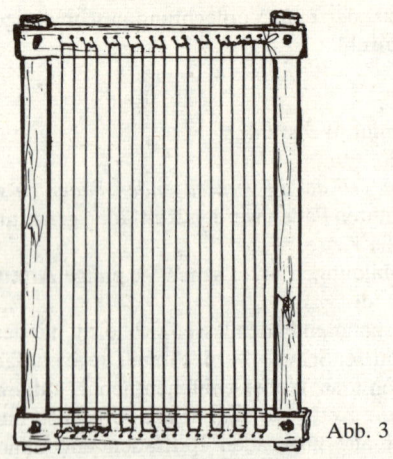

Abb. 3

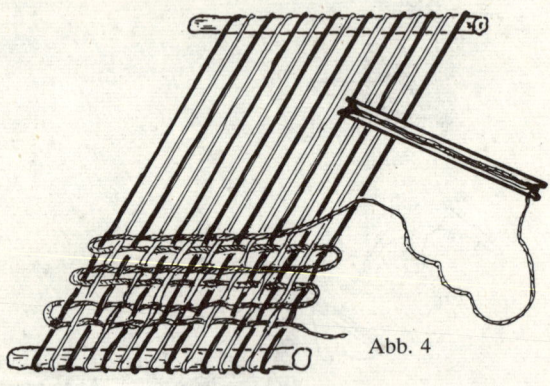

Abb. 4

2. Um die Kettfäden abwechselnd anzuheben

Es gibt dafür, wie Sie selbst feststellen werden, eine ganze Reihe von Möglichkeiten:

– mit Hilfe eines flachen Holzstabes, der unter alle geraden Kettfäden geschoben und auf die Kante gestellt wird (Abb. 5).

Diese Teilung der beiden Kettfadenbänder gehört zur einfachsten Art; die Öffnung zwischen den beiden Fadenbändern heißt Webfach – der Holzstab wird Kreuzstab genannt.

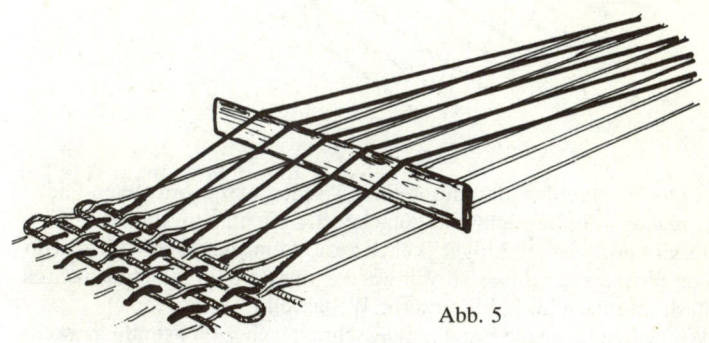

Abb. 5

Mit dieser Methode ist es aber leider nicht möglich, gleichzeitig die ungeraden Kettfäden anzuheben: der zweite Kreuzstab würde die Wirkungen des ersten zunichte machen.

– Hier nun ein anderes System, um auch das zweite Kettfadenband anzuheben:

Verknüpfen Sie alle ungeraden Kettfäden mit einer runden Stange, die man Litzenstab nennt, und heben Sie die Stange hoch (Abb. 6).

– Zum abwechselnden Anheben der Kettfadenbänder kann man auch einen englischen Webkamm verwenden.

Dieser zumeist aus Holz hergestellte Kamm besteht aus Holzstäbchen, in deren Mitte ein Loch gebohrt ist. Zieht man die geraden Fäden durch die Löcher und die ungeraden Fäden zwischen die Holzstäbe (in die Spalten), genügt es, den Kamm zu heben, damit die in den Löchern »eingefangenen« geraden Fäden angehoben werden und den Kamm abwärts zu bewegen, damit dieselben Fäden gesenkt werden.

11

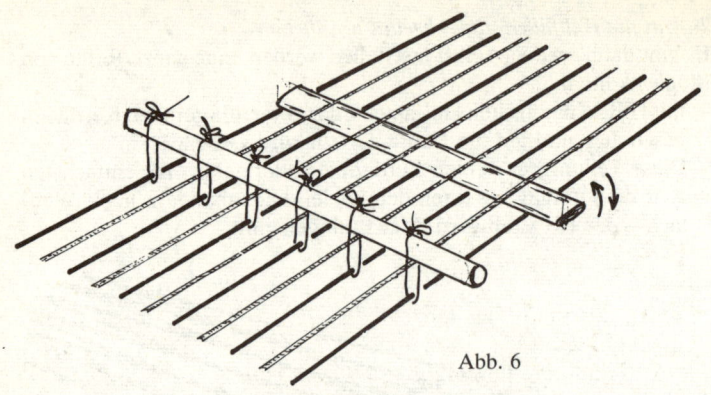

Abb. 6

Die freien ungeraden durch die Zwischenräume gezogenen Fäden
machen die Bewegung in umgekehrter Richtung (Abb. 7).
Es gibt noch andere Möglichkeiten zur Bildung des Webfachs, das für
das Weben unerläßlich ist. Wir werden diese weiteren Möglichkeiten
nach und nach im Laufe unserer Webarbeiten entdecken.
Wir wollen Ihnen die Handhabung sehr einfacher Webgeräte: peruan-
isch – griechisch – afrikanisch usw. erklären, die Sie ohne Schwierigkeit selbst bauen können. Wir beabsichtigen aber auch, Sie auf komplizierteren Webstühlen weben zu lassen, zu denen wir Ihnen detaillierte Konstruktionspläne angeben.

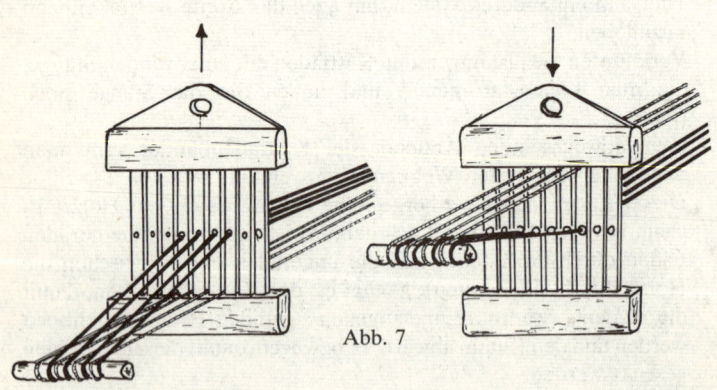

Abb. 7

Was kann man nun weben?

Alles ... angefangen von den klassischen Materialien wie Baumwolle – Flachs – Wolle – bis zu Schaf- oder Ziegenwollvlies – Kupfer – Leder – Blätter – Holzstücke.
Wir werden diese Materialien zuerst der Reihe nach durchbesprechen.
Wir werden auch das erste Problem, das sich Ihnen stellen wird, behandeln: Art und Menge des zu kaufenden Materials.

Die Materialien

Alle Materialien in Form biegsamer Streifen können verwebt werden.

Für den Schuß
– Alles ist erlaubt: Leder – Pelz – Stoffstreifen – Gold-Silberfäden – Kupfer – synthetisches Material – Holz
– und natürlich die allgemein üblichen Materialien: Wolle – Baumwolle – Flachs – usw.

Für die Kette
– Es ist ratsam, vor allem, wenn man die Webtechnik noch nicht sehr gut beherrscht, ein festes Material zu verwenden: Sisal- oder Hanfbindfaden – Baumwollzwirn – zwei- oder dreifach gezwirnte Wolle oder Flachs.
Sehen wir uns an, was uns die Natur bietet:

Pflanzlicher Ursprung

Die Baumwolle: aus den aufgesprungenen Fruchtkapseln des Baumwollstrauches quellen feine und duftige Härchen heraus. Das bearbeitete Haar ist von durchschnittlich guter Festigkeit, die sich durch Feuchtigkeit erhöht. Die Baumwolle ist eine saugfähige und schlecht isolierende Faser.
Der Flachs: Besteht aus Faserbündeln, die durch Knicken des Flachsstengels gewonnen werden. Der Flachs ist saugfähig, trocknet aber schnell und ist sehr fest.
Der Hanf: Ist eine dem Flachs verwandte Textilfaser, die aber gröber ist. Der mit Hanffasern hergestellte Stoff ist dick und grob. Diese Faser ist sehr fest, sehr saugfähig, aber schlecht isolierend.
Die Jute: Diese Faser ist dem Hanf sehr ähnlich und hat eine gute Trockenfestigkeit.
Die Ramie: Eine aus einem riesigen Nesselgewächs gewonnene Faser. Sie läßt sich sehr schwer entrinden; das ist vielleicht der Grund, warum

sie so wenig bekannt ist. Sie weist die Eigenschaften des Hanfes und der Baumwolle auf, ohne aber deren Mängel zu besitzen.

Tierischer Ursprung

Die Wolle: Im Prinzip wird sie durch Scheren eines Tieres wie Schaf, Mohair-, Kaschmir- oder Alpakaziege gewonnen. Nach dem Scheren ist die Wolle ein durch Wollschweiß zusammenhängendes Vlies. Die kurzhaarigen Vliese werden zu Streichgarn verarbeitet und für rustikale Stoffe oder Flanelle verwendet. Die langhaarigen Vliese werden zu Kammgarn verarbeitet und bleiben den feineren Stoffen vorbehalten.
Die Wolle ist sehr saugfähig, aber nicht sehr fest.
Die Seide: Sie bildet sich während der Verpuppung der Raupe im Kokon. Durch Entfernung des Bastes, der diese Faser hart macht, wird die Seide erst weich und geschmeidig.
Die Seide hat eine sehr hohe Festigkeit, Saug- und Isolierfähigkeit.

Die Kunstfasern

Die Technik hat uns viele synthetische Fasern gebracht. Diese neuen Fasern haben gewiß viele gute Eigenschaften; als Handweber finde ich sie jedoch kalt und zu glatt. Wegen ihrer hohen statischen Elektrizität kleben sie aneinander, was mich oft stört. Das ist aber meine ganz persönliche Meinung, die ich vielleicht eines Tages wieder revidiere. Ich verwende bereits diese Materialien bei der Gobelin- und Knüpftechnik.

Fadenstudium

Ein einzelner Faden ist im Prinzip nicht sehr fest, selbst wenn er gedreht ist. Trotzdem gibt diese Drehung dem Faden eine gewisse Festigkeit: es gibt die S-Drehung im Uhrzeigersinn und die Z-Drehung in umgekehrter Richtung.

Der Zwirn
Damit ein Faden fester wird, dreht man ihn und verzwirnt ihn mit einem oder mehreren anderen Garnen. Um eine Dehnung des Fadens

zu vermeiden, erfolgt die Verzwirnung in der Regel in umgekehrter Richtung als die der Drehung des Einzelfadens. Die mit der Drehung und Verzwirnung verbundenen Begriffe sollten Sie kennen:
– gedrehtes Garn: einzelner um sich selbst gedrehter Faden
– Zwirn:
2–3 oder 5 Fäden: zwei-, drei- oder fünffach gezwirntes Garn.

Die Zierzwirne
Der Schlingenzwirn besteht aus 2 Fäden, wovon ein Faden um den anderen Schlingen bildet.
Der »übersponnene« Schlingenzwirn wird nach dem gleichen Prinzip wie der Schlingenzwirn hergestellt; er wird aber weniger fest gedreht. Er besteht aus einem mittleren Faden und einem zweiten Faden, der sich um den ersten windet.

Das aufgerauhte Garn
Man reißt die Schlaufen des Schlingenzwirns auf und erhält die gerauhte Wolle oder das »aufgekratzte« Mohair. Diese Erklärungen sind sehr knapp gehalten. Falls Sie sich für diese Fragen interessieren, empfehlen wir Ihnen, die Fachliteratur dazu zu lesen.

Die Farben

Wenn Sie Wolle oder eine andere Faser im Handel kaufen, kaufen Sie im Prinzip farbechtes Garn. (Sie können sich aber trotzdem bei rustikalen Materialien, die nicht so gängig sind, die Farbechtheit bestätigen lassen).
Wenn sie selbst färben, achten Sie genau auf die Gebrauchsanweisung Ihres Farbmittels, egal ob es sich dabei um einen natürlichen oder künstlichen Farbstoff handelt.

Welche Garnmenge für eine Webarbeit kaufen?

Diese Frage ist nicht nur für einen Anfänger, sondern auch für einen Berufsweber wichtig.
Wieviel Garn benötigt man zum Weben einer Tischdecke von 2 mal 2 Metern oder eines Wickelrockes von 1,50 mal 0,80 Metern? Zuerst ist daran zu denken, daß die Garnmenge von der Stärke des Garns, das

Sie verwenden und von der Art, wie Sie weben werden, abhängt. Wenn der Stoff dick und dicht ist, wird mehr Garn erforderlich sein, als für einen Stoff, der zwar ebenso dick aber luftiger ist.

Die Garnmenge wird nicht in Gewicht, sondern in Metern ausgerechnet. Die Garnhändler, die sich auf den Verkauf an Weber spezialisiert haben, kennen sich bei der Garnberechnung sehr gut aus. Sie geben Ihnen die Meteranzahl Garn pro Kilogramm an: das nennt man, den Titer bestimmen.

In einem Kilogramm dreifacher Landwolle kann man z. B. entweder 4.000 m oder 1.800 m Garn finden. Der Unterschied kann bei einem klassischen Material noch höher sein. Die Differenz kann aber noch erheblicher sein – zwischen 10.000 und 300 Meter z. B. –, wenn man die Titer, die in der Industrie verwendet werden mit dem Titer für eine rustikale Wolle vergleicht.

Wir erwähnen dies, damit Sie verstehen, wie wichtig es ist, über diese Feinheitsbestimmungen Bescheid zu wissen. Der Weber, der den Titer kennt, kann mit ziemlicher Genauigkeit errechnen, wieviel Material er für eine bestimmte Webarbeit, deren Maße er kennt, kaufen muß.

Wie kalkuliert der Weber?

Der Weber wird für die Kette je nach der Dicke des gewünschten Stoffes ein gröberes oder ein feineres Garn, das er mehr oder weniger dicht verweben wird, verwenden. Aus diesen Daten errechnet er die Kettfadenanzahl auf den Zentimeter.

Beispiel: Für einen Rock wird er kein zu dickes Kettgarn mit einem Titer von 3.000 m/kg aussuchen. Dieses Garn wird er mit 4 Fäden auf den cm auf seinem Webstuhl aufbringen. Bei einer Breite von 100 cm wird er daher 400 Fäden benötigen.

Soll die Webware 1 Meter breit und 2 Meter lang sein, bräuchte er 400 Fäden zu 2 Meter Länge; das sind 800 Meter Garn. Da er für das Garn einen Titer von 3.000 m/kg ausgesucht hat, wird er ungefähr 360 g Garn ohne Berücksichtigung eventueller Garnabfälle kaufen müssen, um seine Kette auf den Webstuhl aufbringen zu können.

Die Schußdichte

Die gleiche Kalkulation ist für den Schuß zu machen, wenn er ebenso dick wie die Kette ist.

Werden 4 Schußfäden auf den cm eingetragen (das heißt, wenn zur Erzielung von 1 cm Stoff 4 Einschüsse erforderlich sind), wird für den Schuß die gleiche Menge Garn wie im vorigen Beispiel für die Kette benötigt.

Ist der Schußfaden aber dicker, braucht man weniger Material für 1 cm Stoff. Werden zum Beispiel 3 Fäden auf den cm eingetragen und beträgt die Webbreite 1 m = 3 Meter auf 1 cm Länge x 2 Meter für die Gewebelänge = 600 Meter Garn ohne Berücksichtigung eventueller Abfälle und des notwendigen Materials zum Wenden an den Webkanten.

Beträgt der Titer für dieses dickere Garn 1.200m/kg, bräuchte man 500 g.

Zusammenfassung

Wenn man eine Wolle aussucht, deren Titer bekannt ist, braucht man nur zur Berechnung des Kettgarnbedarfes die Anzahl der Kettfäden auf den cm mit der Länge und Breite der Webware zu multiplizieren.

Ebenso braucht man für den erforderlichen Schußgarnbedarf nur die Anzahl der Fäden auf den cm (Schußdichte) mit der Breite und Länge des Webstückes zu multiplizieren.

Es ist ratsam, zu diesem errechneten Garnbedarf pauschal 20 % für Abfälle (verschiedene Abfälle je nach Webstuhlart: Knoten, nicht verwebbare Teile) und für die Schrumpfungsverluste von Kette und Schuß hinzuzurechnen. Die Entstehung dieser Schrumpfungsverluste werden wir in der Folge erklären (Abb. 14 und 21).

Für die richtige Bestimmung von Schuß- und Kettfadendichte ist die Art des ausgewählten Materials und der Bindungen, aber auch die Weberfahrung ausschlaggebend.

Anmerkung: Fehlt die Titerangabe bei Ihrem eingekauften Material, können Sie den Titer leicht selbst bestimmen. Wiegen Sie 10 g Garn und messen Sie die Länge dieser Garnmenge, ohne aber dabei das Garn auszudehnen. Multiplizieren Sie die gemessene Garnlänge mit 100. Sie erhalten den Titer von 1 kg Garn.

Die Herstellung der Webarbeiten
Mit den Fingern zwischen zwei Zweigen weben

Unsere drei ersten Webstücke werden auf einem Rad sowie zwischen zwei Zweigen mit der einzigen Hilfe Ihrer Finger hergestellt. Es ist eine ausgezeichnete Einführung in das Weben und eine schöpferische Übung.

Herstellung eines Miniwandteppichs zwischen zwei Zweigen

Material
– ein Zweig in V-Form
– ein kleines Knäuel aus dünner Hanfschnur (Wurstgarn)
– Wollfadenstücke in den verschiedensten Farben und Stärken, dünne Leder- oder Stoffstreifen.

Aufbringen der Kette
– Das Aufbringen der Kette wird Scheren genannt
  Wickeln Sie Ihre Kette – die Hanfschnur – wie auf unserer Skizze (Abb. 8) um die Zweige.
– Das Aufwickeln soll so geschehen, daß die Fäden einen regelmäßigen Abstand von einem halben Zentimeter bekommen (das heißt 2 Fäden auf den cm).

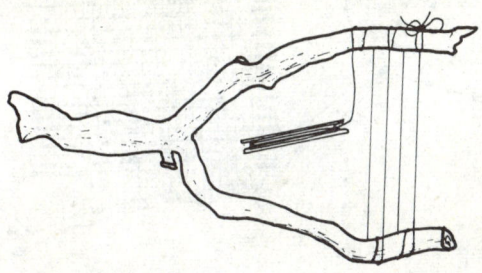

Abb. 8

Weben

– Heben Sie die geradzahligen Fäden mit den Fingern an und führen Sie einen Wollfaden oder einen Lederstreifen ein.
– Lassen Sie den Schußfaden an jeder Seite (Webkante) überstehen.
– Heben Sie die ungeradzahligen Kettfäden, d. h. jene Fäden, die bei der ersten Schußreihe (eine Schußreihe, ein Schußdurchgang wird Schußeintrag genannt) nicht angehoben worden sind und geben Sie einen neuen Schuß durch (Abb. 4).
– Tragen Sie weiter Schüsse ein   · einmal unter die geradzahligen Fäden
  · einmal unter die ungeradzahligen Fäden
  Lassen Sie die Enden der Wollfadenstücke oder der Lederstreifen an den Webkanten immer überstehen.
– Stellen Sie Ihre Farben und Ihre Materialien ganz nach Belieben zusammen. Amüsieren Sie sich dabei (Abb. 9).

Abschlußarbeiten

– Sie können die Webware auf den Zweigen lassen oder die Kettfäden knapp unter den Zweigen durchschneiden.
– Die vier Seiten nähen oder heften.

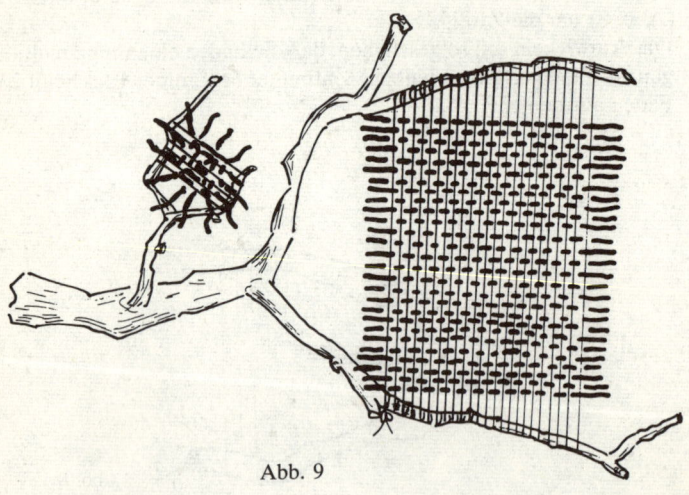

Abb. 9

Stellen Sie einen »Blumenwandteppich« her

Das Webgerät

– Ein Webrad oder ein kreisrundes Brett mit Nägeln rundherum:
  · Bei einem Durchmesser zwischen 30 oder 50 cm 1 Nagel pro cm einschlagen (Verwenden Sie lieber Fadenreiter, wenn Sie sich welche besorgen können).
  · Bei einem Raddurchmesser von 90 cm z. B. 1 Nagel auf jeden halben Zentimeter einschlagen.
– Es ist ratsam, die Stelle, in der die Fadenreiter am Brett eingeschlagen werden sollen, vorher mit einem Filzstift durch eine Nummer zu markieren.
– Sie können, wenn es notwendig ist, aber auch ein bißchen schwindeln. Die Anzahl der Nägel muß jedoch immer eine ungerade Zahl ergeben.
– Das Webfach wird mit den Fingern gebildet und ausgehoben.

Das Material
– Für die Kette: ein Knäuel Wurstgarn
– Für den Schuß: farblich sortierte dünne und dicke Wollfadenstücke; je nach Geschmack ungebleichtes oder gefärbtes Wollvlies.

Aufbringen der Kette
– Knoten Sie Ihr Wurstgarn am Fadenreiter Nr. 1 fest.
– Führen Sie den Faden zum Fadenreiter, der dem Fadenreiter Nr. 1 gegenüberliegt und wickeln Sie den Faden von rechts nach links herum.
– Führen Sie den Faden zum Fadenreiter Nr. 2 zurück und winden Sie den Faden wieder von rechts nach links herum.
– Wickeln Sie den Faden von rechts nach links um jenen Fadenreiter herum, der den Fadenreiter Nr. 2 gegenüberliegt.
– Und so weiter, siehe dazu Abb. 10.
– Spannen Sie Ihren Faden gut und lassen Sie nicht nach, wenn Sie den Faden von einem zum anderen Fadenreiter führen.
– Wenn alle Fadenreiter mit Kettfäden versehen sind, knoten Sie das Ende der gespannten Kette am letzten Fadenreiter fest.

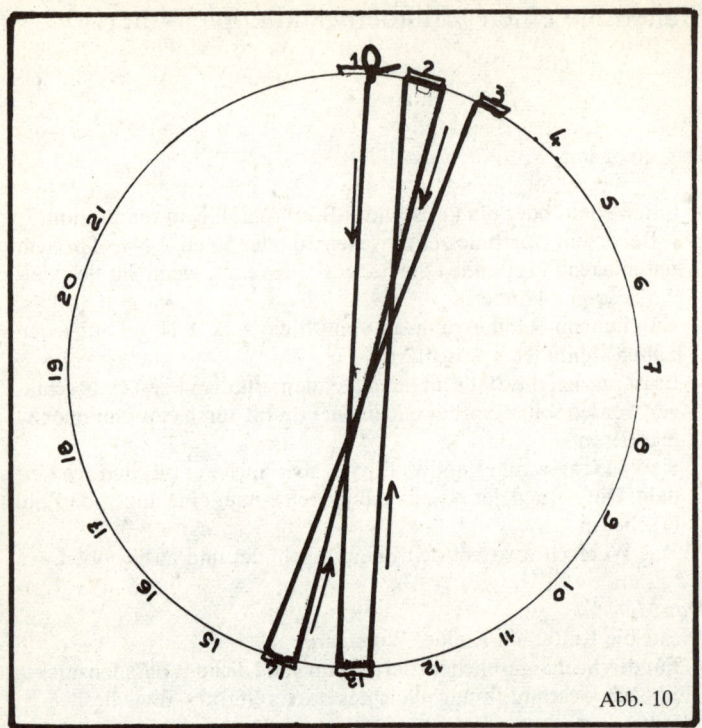

Abb. 10

Weben
– Bereiten Sie Ihren Schuß vor: Wickeln Sie den Schußfaden acht-
  förmig (Abb. 17) um die Finger, damit der Faden kürzer wird und
  leichter zwischen den Kettfäden durchgegeben werden kann.
– Heben Sie mit Ihrer linken Hand in der Mitte des Rades einige Kett-
  fäden an. Orientieren Sie sich an den Fadenreitern: Heben Sie z. B.
  alle Fäden, die sich rechts von den Fadenreitern befinden. Geben
  Sie Ihren Schuß durch. Heben Sie weiter geradzahlige Fäden an.
  Fahren Sie fort, Ihren Schuß durchzugeben, bis Sie eine komplette
  Drehung gemacht haben.
– Legen Sie Ihren ersten Schußfaden so ein, daß er sich 5 cm von der
  Kettmitte befindet.

- Bilden Sie eine zweite Schußreihe und heben Sie die beim ersten Schußdurchgang liegengelassenen Kettfäden. Helfen Sie sich dabei, indem Sie die Kettfäden immer links von den Fadenreitern aufnehmen.
- Wenn Sie sich 10 cm von der Mitte befinden, geht das Weben leichter und schneller voran. Am Anfang ist ein wenig Sorgfalt und Geduld notwendig, da die Kette in der Mitte sehr dicht liegt.
- Es ist nicht notwendig, den dicken »Kettwulst« in der Mitte zu verweben. Lassen Sie ihn so wie er ist; er bildet einen Bestandteil der Dekoration.
- Weben Sie immer dickere Wollfäden ein. Tragen Sie 2, dann 3 Fäden zusammen ein.
- Geben Sie z. B. nach jedem zweiten Schuß ein Wollvlies durch.
- Um einen neuen Schuß anzusetzen, brauchen Sie nur das Ende des alten und den Anfang des neuen Schußfadens zumindest 3 cm übereinanderzulegen.
- Die eingetragenen Schüsse können entweder mit den Fingernägeln oder einer Tischgabel angeschlagen werden.

Abschlußarbeiten
- Heften Sie den Stoff ab, solange die Kettfäden noch auf dem Webgerät aufgespannt sind.
- Lösen Sie die Knoten am Anfang und am Ende der Kette.
- Nehmen Sie die Webware ab und nageln Sie sie auf eine Tür oder an eine Wand.

Eine andere Art des Rundwebens, um ein Schultertuch herzustellen

Dieses Cape, das vorn offen ist, wird die Schultern leicht Fröstelnder wärmen.

Das Webgerät

— Ein Webrad mit einem Durchmesser von 90 cm (das Rad ist im Handel erhältlich, wenn Sie es nicht selbst anfertigen wollen).

Das Webmaterial
— Grobe rustikale Wolle, sehr grobes einfaches oder zweifaches Sportwollgarn.
— Für die Webarbeit braucht man ungefähr 500 g.
— Kette und Schuß sind von gleicher Qualität. Wählen Sie zwei verschiedene aber zusammenpassende Farben aus: für jede Farbe 250 g.

Die Kette scheren (Aufbringen der Kette)
— Damit nicht zu viele Kettfäden wie bei der vorhergehenden Webarbeit in der Mitte zusammentreffen, werden wir die Kette ganz anders aufbringen.
— Folgen Sie dem Schema (Abb. 11).
— Sie werden bemerken, daß die Fäden unabhängig voneinander sind.
— Man geht dabei genauso vor, als würde man eine Torte für die Familie aufschneiden: 8 Stücke – dann teilt man wieder jedes Stück in 4 Teile auf.
— Ziehen Sie den Kettfaden Nr. 1 für den vorderen Schlitz des Capes doppelt auf.

Weben
Zwei Neuheiten gegenüber der vorigen Webarbeit:
— Das Webstück bildet keine geschlossene Fläche, da das Cape vorn

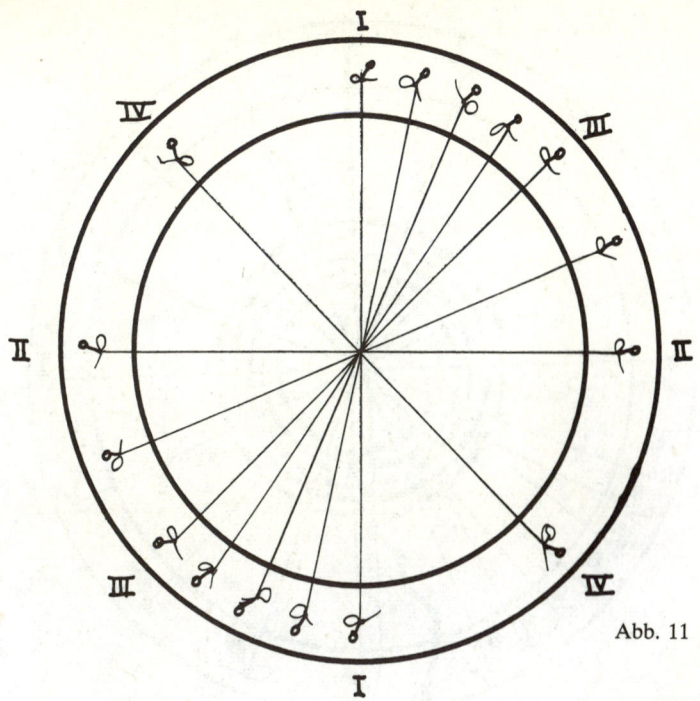

Abb. 11

offen ist. Es ist deshalb von links nach rechts zu weben und von rechts nach links zurückzukehren. Beim Wenden bedient man sich des doppelt aufgezogenen Fadens.

– Wegen des Halsausschnittes wird erst 10 cm nach der Mitte mit dem Weben begonnen.

– Diesmal brauchen wir aber nicht gegen Ende der Webarbeit, immer dickere Schußfäden einzutragen. Wir werden überall dort, wo der Abstand zwischen den Kettfäden zu groß wird, neue Kettfäden aufbringen, indem wir sie um den letzten Schuß schlingen.

– Fangen Sie daher, 10 cm von der Kettmitte zu weben an.

– Bemühen Sie sich, sobald sie 4 oder 5 Schüsse eingetragen haben, einen möglichst runden Halsausschnitt zu bilden.

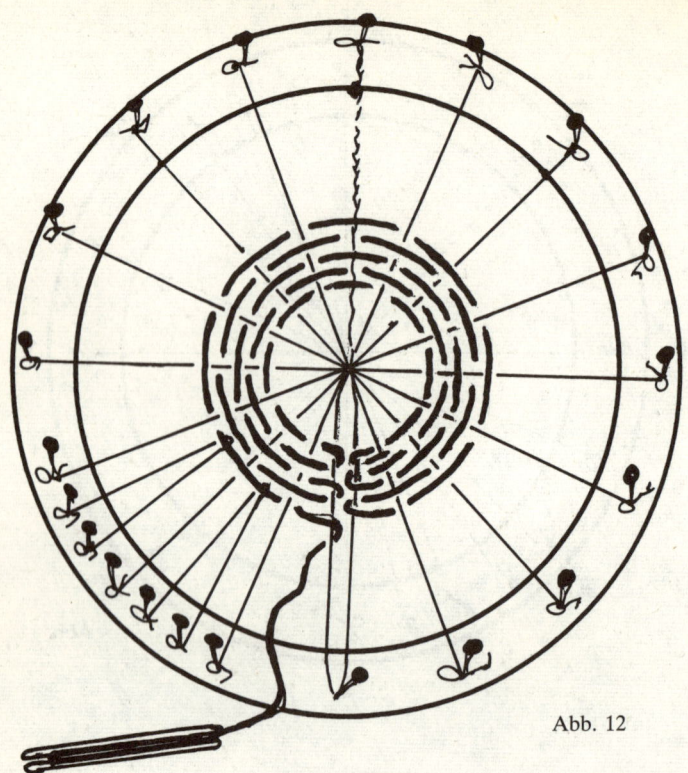

Abb. 12

- Vergessen Sie nicht, auf den Schlitz vorn am Cape zu achten. Wenden Sie den Schuß immer am selben Kettfaden (einen Faden des doppelten Kettfadens für jede Webkante).
- Die beiden Webkanten sollen gerade und gleichmäßig sein.
- Ziehen Sie den Schuß beim Wenden nicht zu straff an; er soll aber auch nicht in Schlingen überstehen.
- Fügen Sie, nachdem Sie 5 cm gewebt haben, neue Kettfäden hinzu. Setzen Sie diese Fäden rittlings um Ihren Schuß.
- Geben Sie auf die Spannung dieser Kettfäden acht. Spannen Sie diese Fäden, ohne am Schuß zu ziehen.
- Knoten Sie Ihre neuen Fäden in V-Form wie auf der Skizze (Abb. 12) an zwei verschiedenen Fadenreitern fest.

- 5 cm weiter, wenn das Gewebte zu locker wird, weil der Abstand zwischen den Kettfäden zu groß ist, fügen Sie wiederum Fäden nach dem gleichen Prinzip hinzu.
- 10 cm weiter, ziehen Sie wieder Kettfäden ein. Fahren Sie in dieser Weise fort, bis alle Fadenreiter mit Kettfäden versehen sind.

Fertigstellen
- Schneiden Sie die Kettfäden knapp an den Fadenreitern durch. Verknoten Sie jeweils zwei Fäden miteinander.
- Schneiden Sie entweder die Kette in der Mitte durch und vernähen Sie jeden einzelnen Faden oder heften und säumen Sie die Webkanten, nachdem Sie die Kettfäden knapp dahinter abgeschnitten haben.
- Nähen Sie Schlingenverschlüsse aus geflochtener Wolle mit zwei Knöpfen am Halsausschnitt an.

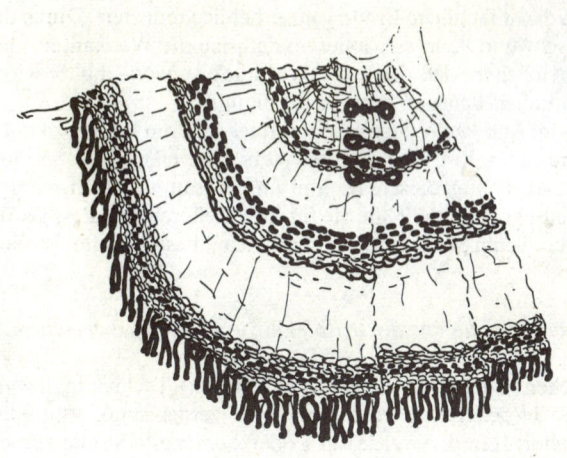

Abb. 13

Herstellung eines Flickenteppichs

Die ersten drei Webarbeiten gaben Ihnen einen Vorgeschmack vom Weben, von den Materialien und von der freien schöpferischen Arbeit. Während der nun folgenden Webarbeiten werden wir grundlegende Probleme anschneiden.

Was geschieht, wenn sich die Kette mit dem Schuß kreuzt? Es kommt zu einer Verformung von Kette und Schuß, die wir nicht unberücksichtigt lassen können, weil sie zu einer Verkürzung der Fäden und der Webware in der Breite wie in der Länge führt. Die Verminderung in der Länge ist der Längenschwund. Er führt dazu, daß Sie zwar 100 cm lange Kettfäden für Ihre Webarbeit aufbringen, beim Abnehmen der Webware aber nur ein 90 cm langes Webstück vorfinden.

Die Verminderung der Breite wird Breitenschwund genannt, durch den sich die anfängliche Breite ganz erheblich reduziert. Durch diesen Breitenschwund kann es passieren, daß sich die Webkanten so stark zusammenziehen, daß das letzte Webstück »unverwebbar« wird, sofern man nicht dagegen etwas unternimmt.

Interessant ist es auch, Methoden zum schnelleren Weben zu untersuchen, die sich selbst für primitive Webgeräte eignen.

Es ist daher wichtig, diesem Kapitel aufmerksam zu folgen, da es praktisch alle Begriffe enthält, die Sie für Ihre Weiterentwicklung als Weber benötigen. Seien Sie geduldig und achtsam, dieses Kapitel ist sehr bedeutsam.

Die Webarbeit, die uns als Beispiel dient, ist ein Flickenteppich

Die Flickenweberei ist eine häufig angewandte Technik in den armen Ländern, in denen viel wiederverwertet werden muß. Alte Kleider, Tischtücher, Hemden werden in 1 oder 2 cm breite Streifen geschnitten und als Schuß in ein feste und dünne Kette aus Baumwolle oder Flachs eingewebt.

Vor allem, wenn man Farben geschickt zu ordnen versteht, können mit dieser Webtechnik hübsche, haltbare und originelle Teppiche entstehen.

– Bereiten Sie Ihre farblich zusammenpassenden Stoffstreifen vor (alle Stoffe sollen, wenn möglich, farbecht sein).

– Wickeln Sie die nach Farben oder Druckmustern sortierten Streifen zu Knäueln. Bereiten Sie Ihr Webgerät vor.

Wir haben ein Webgerät ausgesucht, das sich aus Stangen und Gewichten zusammensetzt.

Das Webgerät und die nötigen Zubehörteile

– Wenn Sie auf dem Land leben, wird ein niedriger Ast, der mehr oder weniger parallel zum Boden verläuft, eine wunderbare Stütze für Ihre Kette sein.

Ein Dutzend nicht zu großer Steine, die aber alle gleich schwer sein sollen, werden zur Spannung der Kette dienen.

– Wenn Sie in einer Wohnung leben, brauchen Sie 2 Besenstangen – 3 Gewichte zu je 500 g und eine Tür, in die Sie 4 Nägel schlagen können.

– Bereiten Sie in beiden Fällen einen flachen Holzstab (80 cm lang, 3 oder 4 cm breit und etwa 5 mm dick) für das Fadenkreuz vor und versehen Sie sich mit einer schweren Tischgabel oder einem kleinen Anschlagstab in Ermangelung eines Schußschlegels (siehe Abb. 19).

Das Prinzip des Webgeräts
– Spannung durch Gewichte.
– Öffnung des ersten Fachs durch einen Holzstab (Abb. 5).
– Öffnen des zweiten Fachs mit den Fingern.
– Anschlagen des Schusses (Schußanschlag) mit Hilfe einer Tischgabel, eines Schußschlegels oder eines kleinen Anschlagstabes.

Der technische Webbrief der Webarbeit

Materialbedarf: Baumwollkette Titer 1.800m/kg: 400 g und 1 cm breite Stoffstreifen.
Bindung: Leinwand (Auf- und Abtechnik).
Die Kette: Länge 140 oder 180 cm je nach Länge des gewählten Webgerätes. Anzahl der Fäden auf den cm: 2.
Der Schuß: Breite 70 cm. Schußdichte: auf den cm ungefähr 1 1/2 Schüsse fest anschlagen.

Scheren Sie Ihre Kette
(Bringen Sie die Kette auf das Webgerät).
Wir werden diesen Flickenteppich 70 cm breit und 100 cm lang weben.
Es sind daher, 140 Kettfäden (70 cm x 2 Fäden auf den cm) vorzube-
reiten und auf eine Breite von 70 cm aufzuteilen.
Damit der fertige Teppich 100 cm mißt, muß man 110 cm wegen des
Längenschwundes von 10 % weben.
Was ist der Längenschwund?
Es ist die Verformung der Kette während ihrer Verkreuzung mit dem
Schuß.
Je dicker und steifer der Schußfaden ist, desto mehr verformt sich die
Kette und verliert an Länge während sie sich um den Schuß windet.
Schauen Sie sich an, was passiert (Abb. 14).
Bedenken Sie noch, bevor Sie Ihre Kette scheren, daß nicht die ganze
Kette verwebbar ist. Der Abfall beträgt je nach den Webgeräten zwi-
schen 20 und 80 cm.

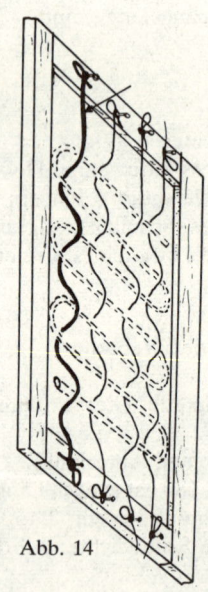

Abb. 14

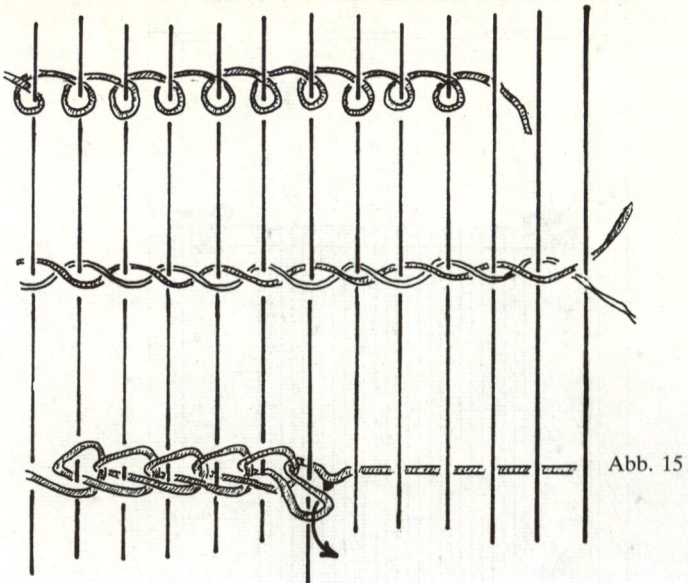

Abb. 15

Aufbringen der Kette auf einen Ast, Spannung durch Steine

— Knoten Sie 140 Fäden von 180 cm Länge am Ast eines Baumes fest.
  Verteilen Sie die Fäden auf eine Breite von 70 cm, indem Sie einen
  Abstand von 1/2 cm zwischen jedem Faden lassen.

— Sobald Sie 20 Fäden aufgebracht haben, spannen Sie sie durch An-
  hängung eines Steines an ihre Enden (Abb. 1). Um sich das Befestigen der Steine zu erleichtern, können Sie auch Ihre Steine in ein
  Säckchen füllen und das Säckchen an die Fäden hängen.

— Einzige Vorsichtsmaßregel, die zu beachten ist: die Steine dürfen
  sich nicht berühren. Hängen Sie sie deshalb verschieden hoch auf.

— Damit die Kettfäden am Platz bleiben und ihren Abstand beibehalten, bringen Sie gemäß nachfolgender Skizze eine Einteilungsschnur an (Abb. 15).

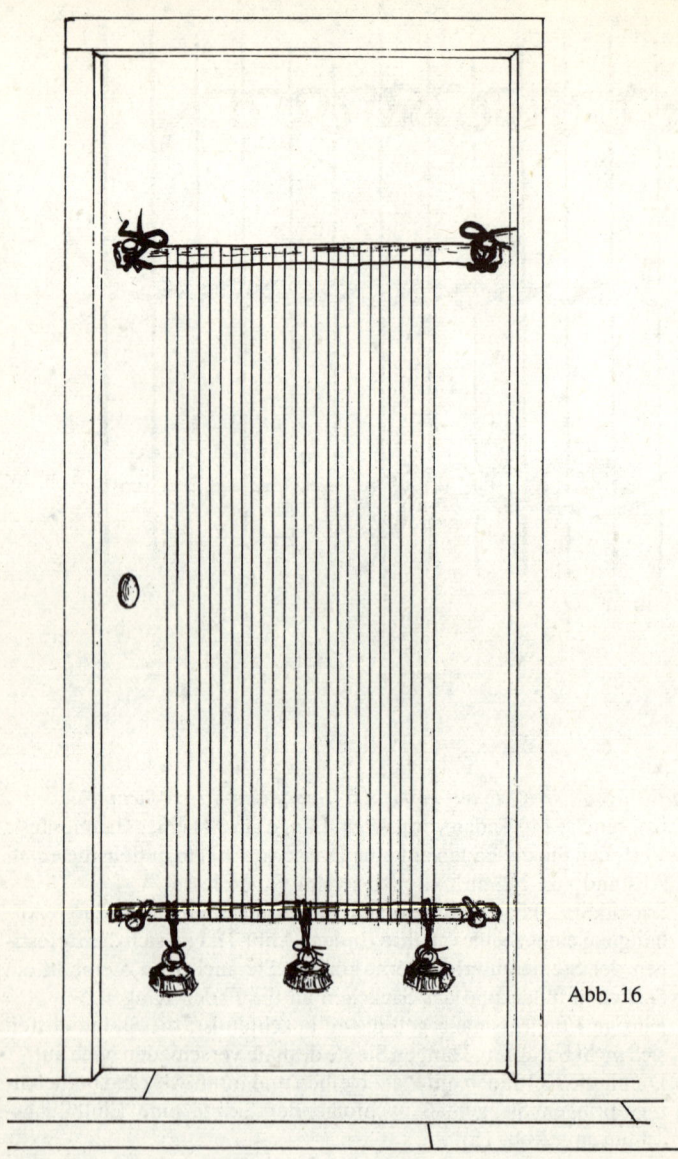

Abb. 16

Aufbringen der Kette
längs einer Tür zwischen zwei Stangen (Abb. 16).
- Schlagen Sie in eine Tür etwa 180 cm vom Boden 2 Nägel in einem Abstand von 70 cm.
- Legen Sie einen Besenstiel auf diese Nägel und binden Sie den Stiel an den Nägeln fest.
- Spreizen Sie die Fäden auf eine Breite von 70 cm. Lassen Sie zwischen jedem Faden einen Abstand von 1/2 cm.
- Schlagen Sie zwei weitere Nägel ein, und zwar genau 110 cm unterhalb der beiden ersten.
- Befestigen Sie Ihren zweiten Besenstiel unter diesen Nägeln (den Stiel fest verschnüren, damit er gut hält).
- Knoten Sie jetzt jeweils 2 Ihrer Kettfäden um diese Stange.
- Halten Sie den Abstand von einem halben Zentimeter zwischen den Fäden ein und spannen Sie die Kette immer gleichmäßig. Legen Sie eine Einteilungsschnur um die einzelnen Fäden, damit der obere und der untere Fadenabstand festhält (Abb. 15).

Bereiten Sie Ihr Fach vor
- Schieben Sie auf dem einen wie auf dem anderen Webgerät Ihren Kreuzstab unter alle geraden Fäden durch (einen von zwei Fäden).
- Auf die Kante gestellt, öffnet Ihnen dieser Stab ein Fach, durch das Sie einen von zwei Schüssen durchgeben können (Abb. 5).
- Das zweite Fach muß wie bei den vorhergehenden Webarbeiten mit den Fingern gebildet werden.

Das Weben
- Beginnen Sie 5 cm mit Baumwolle zu weben (Baumwollkettgarn).
- Geben Sie, um zu weben, Ihren Schuß durch das offene Fach. Der Schußfaden kann entweder auf ein hölzernes Weberschiffchen oder zu einer Puschel gewickelt sein (Abb. 17). Das erste Fach wird mit dem Kreuzstab geöffnet, der rechtwinklig zur Kette auf die Kante gestellt wird. Das zweite Fach wird mit den Fingern der linken Hand geöffnet, indem alle beim ersten Fach liegengebliebenen Fäden angehoben werden (Abb. 18 und Abb. 4)
- Schlagen Sie die eingetragenen Schüsse nach und nach mit Hilfe einer Tischgabel oder eines Schußschlegels an.
  Beim Flickenteppich ist es ratsam, sehr kraftvoll anzuschlagen. Es

soll nicht außer acht gelassen werden, daß wir einen Teppich herstellen.

– Der Schußschlegel und der Anschlagkamm werden bei geschlossenem Fach verwendet.

– Der Anschlagstab wird bei offenem Fach verwendet, indem der Kreuzstab flach in das Fach gelegt wird.

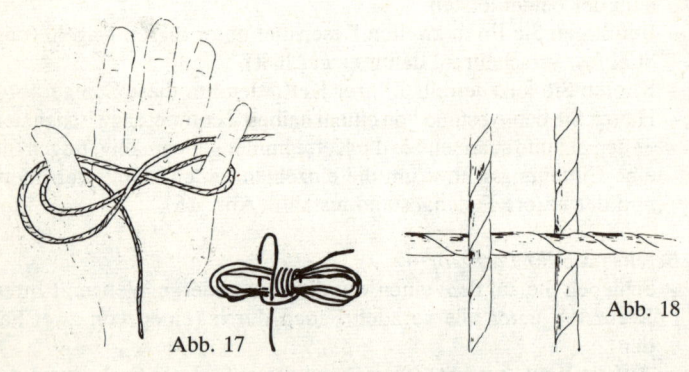

Abb. 17   Abb. 18

Afrikanischer Anschlagkamm aus Holz

Europäischer Anschlagkamm aus Holz oder Metall

Anschlagstab aus Holz   Abb. 19

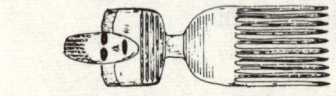

Das Anweben von Kette und Schuß
- Bevor man mit dem Weben des Flickenteppichs beginnt, muß man sich überzeugen, daß sich die Kette mit dem Schuß einwandfrei kreuzt.
  Ist die Kette stellenweise nicht straff genug gespannt, bauscht sich das Gewebe auf.
  Ist die Kette stellenweise zu straff gespannt, zieht sich das Gewebe ein (Abb. 20).
- Es ist dann notwendig, die Kettfäden an diesen Stellen zu straffen oder zu lockern, damit die Weblinie gerade und rechtwinklig zur Kette ist.
- Andererseits ist auch jetzt noch Zeit, den Kettabstand zu überprüfen, bevor das Gewebe die Kettfäden »erstarren« läßt. Die Kettfäden müssen zu den Webkanten und untereinander ganz genau parallel bleiben, indem sie ihren anfänglichen Abstand beibehalten.
- Wenn alles in Ordnung ist und die ersten 5 cm mit Baumwolle gewebt sind – dieser Gewebeabschnitt dient nicht nur als Gewebegrundlage, sondern auch als Saum – werden wir den Teppich »in Angriff nehmen«.

Abb. 20

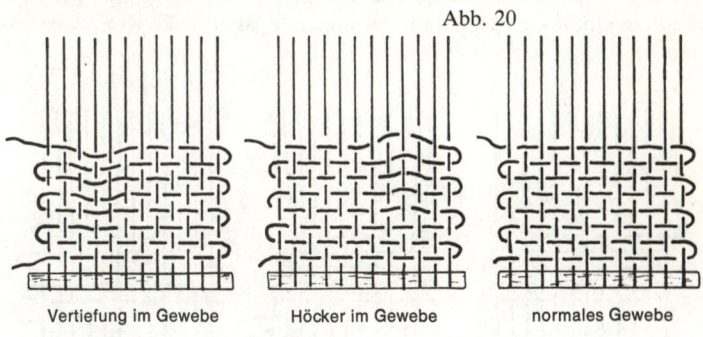

Vertiefung im Gewebe   Höcker im Gewebe   normales Gewebe

Die Webkanten müssen parallel bleiben
Auf Seite 28 haben wir auf die Probleme des Längenschwundes (Verformung der Kette) und des Breitenschwundes (Verformung des Schusses) hingewiesen.
Wenn Sie gerade, gleichmäßige und parallele Webränder bekommen möchten, sollten Sie sich, bevor Sie weben, unbedingt Zeit nehmen, um folgenden Abschnitt zu lesen.

Der Breitenschwund

Genauso wie sich die Kette verformt und verkürzt, wenn sie den Schuß aufnimmt (Abb. 14), verformt und verkürzt sich der Schuß, wenn er sich um die Kette windet (Abb. 21).

Um diesem Schrumpfungsverlust entgegenzutreten, muß der eingetragene Schuß länger als die Webbreite sein.

Abb. 21

Wieviel Prozent muß man zusätzlich einplanen?

Sagen wir 10 % im Durchschnitt. Der Grad der Verformung hängt natürlich von der Stärke der Kette und ihrem Abstand ab. Beachten Sie, daß der Schuß bei einer dünnen aber dicht aufgebrachten Kette »enorme Arbeit« leisten muß, um sich um alle diese Kettfäden zu schlingen. Genau die gleiche »Arbeit« muß ein Schuß leisten, wenn er sich um eine weit voneinander abstehende, aber dicke Kette winden muß.

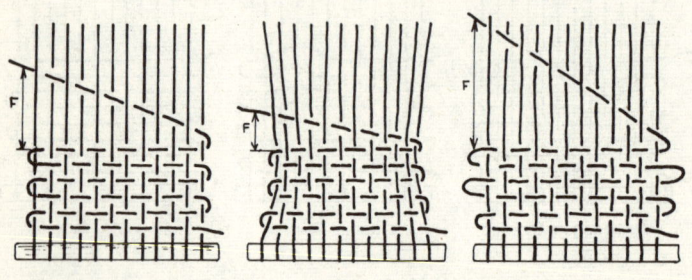

Abb. 22

Der Schußwinkel

— Wie stellt man nun fest, wieviel Prozent man hinzurechnen muß?
— Nehmen Sie einen schwarzen Filzstift zur Hand und markieren Sie während des Webens die genaue Breite der Webarbeit auf Ihrem Schuß.

- Legen Sie jetzt Ihren Schuß in einem schrägen Bogen in das Fach. Schließen Sie Ihr Fach und schlagen Sie an.
- Sehen Sie nach, wo sich Ihre schwarze Markierung befindet.
- Im Prinzip soll sie bei einer Webbreite von 70 cm sechs oder sieben Zentimeter nach der Webkante sein, sofern Ihre Endleisten gleichmäßig sind, das heißt weder Aus- noch Einbuchtungen aufweisen. Jetzt haben Sie die Möglichkeit, den Prozentsatz für die zusätzliche Schußlänge auszurechnen.
  Wenn sich Schlingen an der Webkante bilden oder sich die Kanten einziehen, nehmen Sie den eingetragenen Schuß wieder heraus. Legen Sie den Schuß, wenn sich die Webkante einzieht, in einem schrägeren Bogen in das Fach, oder wenn sich Schlingen an der Webkante bilden, in einem flacheren Bogen in das Fach. Das nennt man den Schußwinkel suchen.
- Wenn Sie den richtigen Winkel gefunden haben, soll sich daran während des Webens nichts mehr ändern, außer Sie verändern die Stärke des Schußfadens oder den Abstand der Kette. Ihr Auge wird sich schnell an den einzuhaltenden Winkel gewöhnen.

Beim Weben an einer senkrecht aufgespannten Kette, die man »Hautelisse« nennt, während man die waagerecht aufgespannte Kette »Basselisse« nennt, ist es besser, um eine schöne Webkante zu erzielen und die zusätzliche Schußlänge aufzunehmen, den Schuß in kleinen Bögen von einer Webleiste zur anderen »einzuschießen« und nach und nach anzuschlagen.

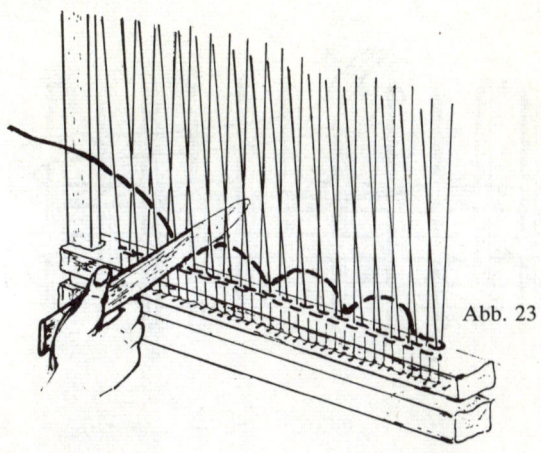

Abb. 23

Wie den Schuß während des Webens ansetzen?
- Beim Flickenweben genügt es, wenn Sie die beiden Streifenenden zumindest 3 cm übereinanderlegen.
- Beim klassischeren Weben sollten Sie wissen, daß man beide Fadenenden abschrägt, so daß sie übereinandergelegt, einen normal starken Faden bilden (Abb. 25).

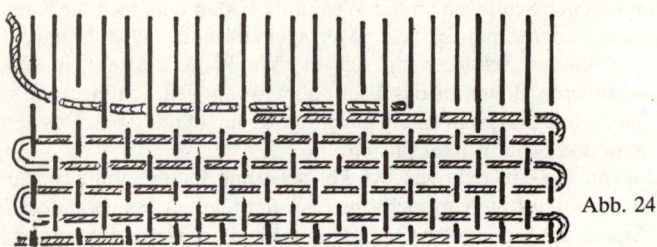

Abb. 24

- Beim Ansetzen eines Schußfadens an der Webkante, schlingen Sie das Ende und den Anfang Ihrer eingetragenen Schüsse um den letzten Kettfaden (egal ob er gehoben oder gesenkt ist) und ziehen Sie die Fadenenden in das Gewebe hinein (Abb. 26).
- Schrägen Sie die Fadenteile, die übereinanderliegen, ab.

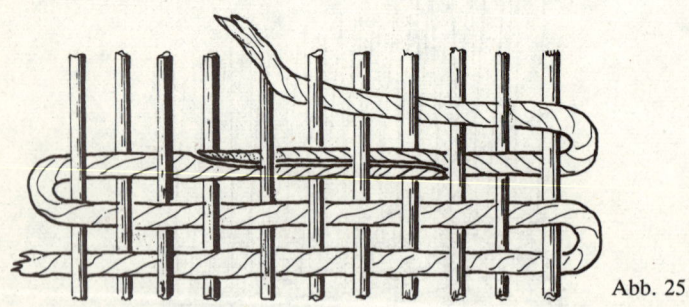

Abb. 25

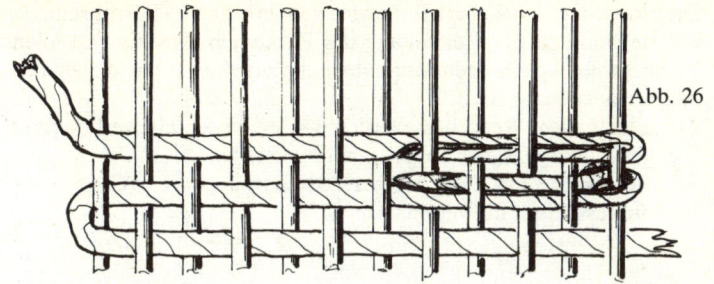

Abb. 26

Fertigstellen des Flickenteppichs

– Wenn Sie 110 cm mit Stoffstreifen gewebt haben, weben Sie wie zu
  Beginn noch einmal für den künftigen Saum 5 cm mit Baumwolle.
– Schneiden Sie Ihre Kettfäden an der Einteilungsschnur durch.
– Verknüpfen Sie, wenn Sie Fransen haben möchten, jeweils 2 Fäden
  miteinander. Wenn sie keine Fransen wollen, schneiden Sie Ihre
  Kettfäden ganz knapp hinter dem Webrand ab und säumen Sie den
  Teppich mit Hilfe des Gewebestreifens aus Baumwolle.

Die Erklärung der Webarbeiten wird von jetzt an viel kürzer sein, da wir Sie während der Herstellung des Flickenteppichs mit fast allen Webbegriffen bekanntgemacht haben, die zum korrekten Weben unbedingt notwendig sind.

Zu jeder neuen Webarbeit werden wir entweder ein verbessertes Webgerät oder eine neue Webtechnik vorstellen.

Wir werden Sie mit dem Vermerk »Neuerungen« am Ende jedes Webbriefes darauf hinweisen.

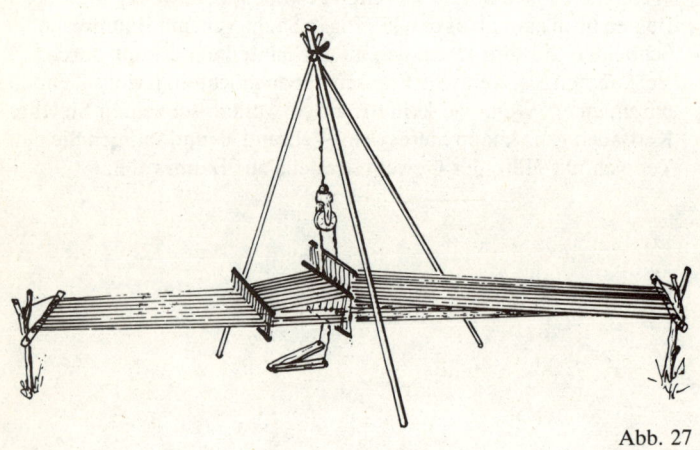

Abb. 27

Herstellung eines Wandtellerhalters auf einem afrikanischen Webgerät

Das afrikanische Webgerät

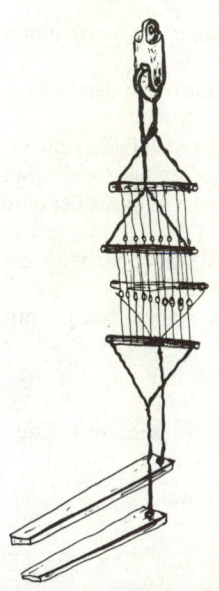

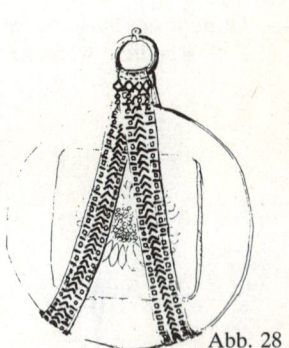

Abb. 28

Materialbedarf
- Drei Stangen von 2 Meter Länge – Zwei Holzrahmen von 30 mal 30 cm – zwei halbe Teile eines Besenstiels – 50 g dünnes Baumwollgarn zur Herstellung der Litzen – eine Rolle mit kleinem Durchmesser – ein Bindfadenknäuel.

Das Prinzip
- Kette ist zwischen zwei Stangen fest aufgespannt. Die Stangen selbst sind entweder draußen im Freien mit zwei Pfählen oder in einem langen Flur z. B. mit zwei Türschnallen »verankert«.
  Der Weber wandert in dem Maße wie die Webarbeit fortschreitet nach vor.
  Das Fach wird mit Hilfe von Schnurlitzen, die zwischen den Leisten eines Rahmens gespannt sind, geöffnet.
  Es gibt zwei Schäfte: einen Schaft, in dem die geraden Fäden und einen zweiten Schaft, in dem die ungeraden Fäden eingezogen sind. Diese beiden Schäfte sind untereinander mit einer Wippe über eine Rolle verbunden.
  Der Mechanismus (Rolle und Schaft) hängt an 3 langen Stangen, die wie in Abb. 27 fest miteinander verschnürt sind.
  Die Schäfte, die nach abwärts bewegt werden können, werden mit den Füßen des Webers nach unten gezogen.

Neuerung
- Öffnung des Fachs durch auf- und abwippende Schäfte, die mit den Füßen bedient werden.

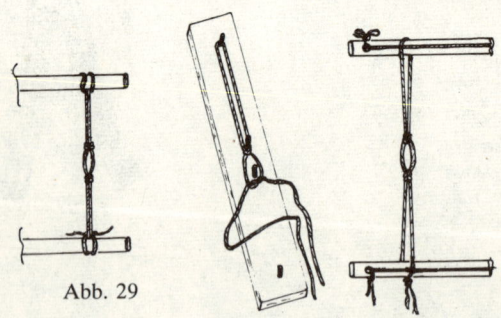

Abb. 29

42

Webbrief des Wandtellerhalters

Materialbedarf:
– Für die Kette und den Schuß: 100 g dreifädige ungebleichte Land-
  wolle, Titer ungefähr 2.000m/kg und 100 g der gleichen Wolle, aber
  in Kastanienbraun (meliert).
Bindung: Leinwand (Auf- und Abtechnik)
Die Kette: Zwölf 3 Meter lange helle Fäden und zwölf 3 Meter lange
dunkle Fäden – 3 Fäden auf den cm bei einer Breite von 8 cm.
Der Schuß: Webware 8 cm breit und 2 m lang, Anschlag von 3 Fäden
auf den cm.
Technische Neuheit: Phantasiebindepunkte mit optischem Effekt.

Ihre Kette scheren
– Befestigen Sie eine der beiden Besenstielhälften an einem Pfahl
  oder an einer Türschnalle.
– Machen Sie aus Ihren Kettfäden Puscheln (Abb. 17), damit die Fäden kürzer sind.
– Knoten Sie Ihre Kettfäden (ein dunkler, ein heller, ein dunkler, ein
  heller, usw.) um die Stange.
– Spreizen Sie die Fäden mit sehr geringem Abstand auf eine Breite
  von 18 cm: es sollen 3 Fäden auf 1 cm kommen.
– Lösen Sie die Puschel des ersten Fadens und ziehen Sie den Faden
  mit Hilfe einer Häkelnadel in den Schaft Nr. 1 (heller Faden).
– Knoten Sie diesen ersten Faden an die zweite Stange, die Sie an dem
  anderen Pfahl oder an die andere Türschnalle befestigt haben.
– Machen Sie die zweite Puschel auf und ziehen Sie diesen Kettfaden
  (dunkel) in den Schaft Nr. 2. Knoten Sie diesen Faden um die zweite
  Kettstange fest.
– Fahren Sie in dieser Weise fort, bis alle Ihre 24 Kettfäden aufge-
  bracht sind.
– Vergewissern Sie sich, bevor Sie mit dem Weben beginnen, ob alle
  Ihre Fäden parallel liegen und ob die Fäden auf der zweiten Kettstange nicht breiter als 8 cm aufgezogen sind. Prüfen Sie auch, ob
  die Kettfäden korrekt gespreizt sind (3 Fäden auf den cm).
– Bringen Sie für die Kette dicht bei der Kettstange eine Einteilungs-
  schnur an (Abb. 15), damit die Kettfadeneinteilung erhalten bleibt.

Das Weben
– Bereiten Sie ein Weberschiffchen mit einem hellen und ein Weber-

schiffchen mit einem dunklen Schuß vor.
- Öffnen Sie ein Fach mit Hilfe des Fußpedals und geben Sie Ihren dunklen Schuß durch.
- Ziehen Sie das Fadenende ein (Abb. 26).
- Öffnen Sie das zweite Fach, indem Sie mit dem Fußpedal den anderen Schaft herunterziehen und geben Sie Ihren zweiten Schuß durch.
- Schlagen Sie mit einem Kamm oder einem flachen Stab an.
- Weben Sie in dieser Art 10 cm mit dem dunklen Schuß. Denken Sie daran, die Kettspannung nach den ersten sechs Einschüssen zu berichtigen, falls die Weblinie nicht gerade ist – siehe Anweben von Kette und Schuß (Abb. 20).
- Wenn Ihre Webkanten nicht gleichmäßig sind, überprüfen Sie Ihren Schußwinkel (Abb. 22).
- Die nächsten 10 cm werden mit heller Wolle gewebt.
- Die anschließenden 10 cm werden abwechselnd mit 2 dunklen und 2 hellen Schüssen gewebt.
- Die darauffolgenden 10 cm werden jeweils mit 1 hellen und 1 dunklen Schuß gewebt.
- Amüsieren Sie sich und tragen Sie 2 helle und einen dunklen Schuß oder umgekehrt ein, dann wieder 3 helle und 2 dunkle Schüsse, usw.

Sie werden bemerken, daß Sie Phantasiebindepunkte mit optischem Effekt erzielen, ohne die Bindung – die eine Leinwandbindung bleibt (Abb. 4 und 35) – verändert zu haben. Der optische Effekt beruht auf der Verkreuzung von hellen mit dunklen Fäden.

Wenn Sie mit Ihrem Webmechanismus 2 Meter vorgerückt sind, da die Kette auf diesem Webgerät fest aufgespannt ist, schneiden Sie die Kettfäden dicht bei den Kettstangen durch. Nehmen Sie Ihre Webarbeit ab.

Fertigstellen
Um den Wandtellerhalter zu Ende zu bringen:
- Säumen Sie eine Breitseite des Gewebestreifens und nähen Sie in den Saum einen Holzring mit ein.
- Knoten Sie auf der anderen Seite jeweils 6 Fäden zu Fransen.
- Ziehen Sie das gefranste Ende des Streifens durch den Holzring.
- Hängen Sie den Ring auf einen Nagel an eine Wand.
- Ziehen Sie Ihre Webware noch einmal durch den Holzring.
- Schieben Sie Ihren Wandteller hinein.

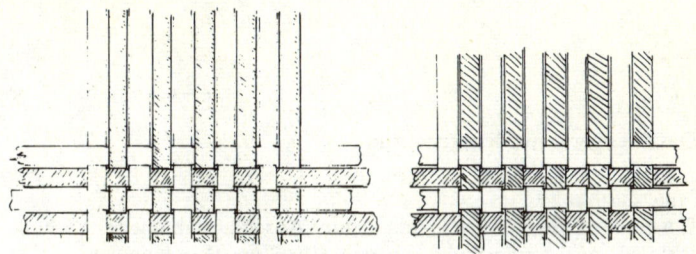

Abb. 30 und 31

Abb. 32

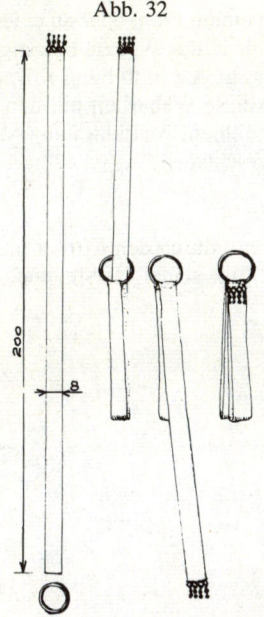

Herstellung eines Gürtels mit verschiedenen Bindungen auf einem Webgerät mit Rückengürtel

Das Webgerät mit Rückengürtel

Materialbedarf
Ein geschmeidiger Gürtel – ein kleiner Anschlagstab oder ein Schuß-schlegel, zwei runde Stäbe von ungefähr 3 cm Durchmesser.

Das Prinzip
- Die Spannung der Kette erfolgt durch den Körper.
- Die Kette ist zwischen zwei Stäben aufgespannt:
  der eine Stab ist an einem Pfahl oder an einer Türschnalle, der andere Stab ist am Gürtel des Webers befestigt.
- Der Stoff rollt sich auf den Stab beim Körper des Webers.
- Das Fach wird für diese Webarbeit mit den Fingern geöffnet.
- Der Schuß wird mit einem Anschlagstab (Abb. 19) oder mit Hilfe eines Kammes angeschlagen.

Neuerung
Die Spannung der Kette durch den Körper und das Aufwickeln des gewebten Stoffes im Zuge seiner Herstellung.

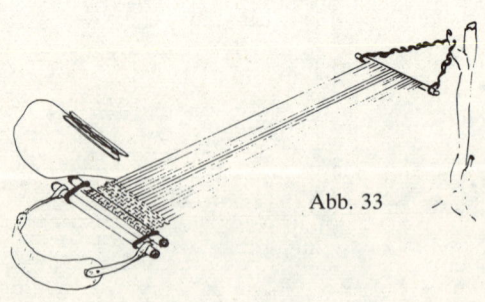

Abb. 33

Webbrief des Gürtels

Materialbedarf: 50 g merzerisierte Baumwolle in den folgenden Farben: zartgrün – türkisblau – virolett.
Bindung: Leinwand – Köper – Fischgrat und Zickzack.
Die Kette: 30 Fäden von 130 cm Länge – 3 Fäden pro cm auf 10 cm Breite.
Der Schuß: Webware 70 cm lang und 10 cm breit, Schußdichte: 3 Fäden auf den cm.

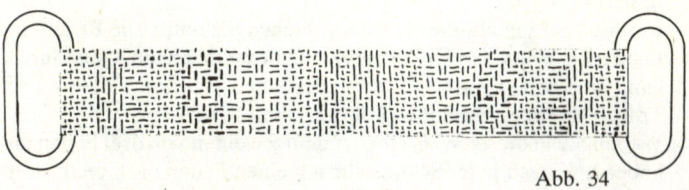

Abb. 34

Die Kette scheren
– Befestigen Sie Ihren Kettstab an einem Fixpunkt.
– Spreizen Sie 30 zartgrüne Fäden von 130 cm Länge – 3 Fäden auf den cm – auf 10 cm Breite.
  Bringen Sie eine Einteilungsschnur für die Kette an (Abb. 15).
– Befestigen Sie diese 30 Fäden am Stab, der mit dem Gürtel des Webers verbunden ist.
  Machen Sie keine Litze, bereiten Sie keinen Kreuzstab vor. Wir werden ausschließlich mit den Fingern arbeiten.

Weben
Die Leinwandbindung: mit blauem Schuß
– Weben Sie 5 cm in Leinwand, wie wir es bereits gemacht haben (Abb. 4). Heben Sie für einen Schußdurchgang einen von zwei Fäden an und für den nächsten Schußdurchgang die Kettfäden, die bei der vorhergehenden Schußreihe liegengeblieben waren.
Die Ripsbindung:
– Heben Sie zwei nebeneinanderliegende Fäden auf einmal an. Tragen Sie Ihren violetten Schuß ein.
– Bereiten Sie mit Ihren Fingern das nächste Fach vor, indem Sie die beim ersten Schußdurchgang liegengebliebenen Fäden (paarweise) anheben.
– Weben Sie in dieser Art 5 cm weiter.

Die Panamabindung:
- Heben Sie wieder zwei nebeneinanderliegende Fäden an, verdoppeln Sie aber diesmal Ihren Schuß (grün), d. h. wickeln Sie einen doppelten Faden auf Ihr Schiffchen.
- Weben Sie nach 5 cm in dreibindiger Panamabindung weiter. Wickeln Sie zu diesem Zweck einen dreifachen Faden auf Ihr Schiffchen und heben Sie jeweils 3 Fäden an.

Die Köperbindung: dreibindig – einfacher Schuß in Violett
- Heben Sie einen von drei Fäden an und geben Sie Ihr Schiffchen durch das Fach.
- Bereiten Sie ein anderes Fach vor. Heben Sie dafür alle Fäden, die sich rechts von jenen Fäden befinden, die beim letzten Schußdurchgang angehoben waren: d. h. wieder einen von drei Fäden.
- Tragen Sie ihren violetten Schuß in dieses Fach ein.
- Weben Sie in dieser Weise fort, indem Sie einen von drei Fäden anheben und nach jeder Schußreihe um einen Faden nach rechts weiterrücken.
- Weben Sie mit einem blauen Schuß 5 cm in Leinwand und dann 5 cm in Köper.

Abb. 36

Abb. 35

Dreibindige Fischgratbindung:
- Die Fischgratbindung ist eine Köperbindung mit wechselnder Gratrichtung (Rechtsgratköper – den wir eben ausgeführt haben – wechselt mit einem Linksgratköper ab).
- Wenn Sie den Faden nach einer Schußreihe nicht mehr nach rechts, sondern nach links versetzen, ändern Sie die Gratrichtung Ihrer Webware und Sie erhalten einen Linksgratköper. Weben Sie den Linksgratköper unmittelbar im Anschluß an einem Rechtsgratköper, erhalten Sie einen Schußköper (Köper, der mit dem Schuß ausgeführt wird. In der Folge werden wir sehen, daß es auch einen Kettköper gibt).

Die vierbindige Köper- und Fischgratbindung:

- Schauen Sie sich die Stoffrückseite des dreibindigen Köpers und des dreibindigen Fischgrats an. Sie werden feststellen, daß die Rückseite anders aussieht als die Vorderseite. Dieser Unterschied beruht auf der Unregelmäßigkeit von angehobenen und liegengebliebenen Fäden (Abb. 18).
- Wenn man einen reversiblen Köper oder Fischgrat haben möchte, muß man die gleiche Anzahl von Kettfäden nehmen und liegenlassen. Beispiel: zwei von vier Fäden anheben, indem man nach jeder Schußreihe um einen Faden weiterrückt (siehe Abb. 39).

Wir haben soeben einen Rundgang durch die gängigsten Bindungen gemacht. Diese Bindungen werden allerdings selten auf den primitiven Webgeräten hergestellt, wo sie zuviel Zeit in Anspruch nehmen würden.

Wir werden sehen, daß man Methoden zum Anheben der Kettfäden erfunden hat, mit denen die Fäden für ein bestimmtes Fach viel schneller als mit der Hand ausgesucht werden können.

Diese Webarbeit hat zum Ziel, Sie mit den Bindungen durch eine praktische Übung vertraut zu machen.

Abb. 37 und 38

Abb. 39

49

Fahren Sie in dieser Weise zu weben fort und wechseln Sie ganz nach Belieben Bindungen und Farben, bis Sie (einschließlich Längenschwund) eine Weblänge von 75 cm haben.

Abschlußarbeiten

- Schneiden Sie Ihre Kettfäden so dicht wie möglich bei den Spannstäben ab.
- Knüpfen Sie die gesamte Länge Ihrer Kettfäden zu Fransen, mit denen Sie Ihren Gürtel binden können.
- Andere Möglichkeit: Säumen Sie 10 cm des oberen und des unteren Webrandes und nähen Sie in den Saum einen Holzring mit ein. Schließen Sie Ihren Gürtel mit zwei Lederschlaufen.

Herstellung eines Halsschmucks auf einem Webgerät mit Rückengürtel und englischem Webkamm

Das Webgerät

Es handelt sich um dasselbe Webgerät wie in Abbildung 33. Jetzt ist es aber zusätzlich mit einem englischen (peruanischen) Webkamm (Abb. 7) ausgestattet.

Materialbedarf: Ein geschmeidiger Gürtel – ein Weberschiffchen – ein Schußschlegel – zwei runde Stäbe (halbe Teile eines Besenstiels) – ein englischer Webkamm – kleine Glasperlen.

Prinzip des Webgeräts: Spannung durch den Körper des Webers. Aufrollen des fertigen Stoffes auf den vorderen Stab. Öffnung des Fachs durch abwechselndes Heben und Senken des Kammes.

Neuerung: Auswahl der zu hebenden und liegenzulassenden Kettfäden mit Hilfe eines englischen Webkammes.

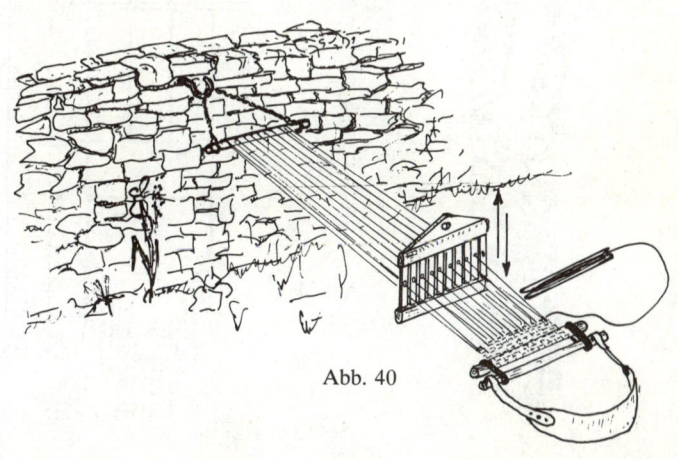

Abb. 40

Webbrief des Halsschmuckes

Materialbedarf: 30 g Flachs, Titer 4.000m/kg – 10 g Silberlurex – 20 g schwarze merzerisierte Baumwolle.
Bindung: Leinwand
Die Kette: 24 Fäden aus Flachs von 90 cm Länge – Breite 6 cm mit 4 Fäden auf den cm.
Der Schuß: Gewebe aus Lurex und Baumwolle, 50 cm lang und 6 cm breit, Schußdichte von 3 Fäden auf den cm.
Neuerung: Weben in Form nach einem Muster.

Abb. 41

Die Kette scheren
- Knoten Sie Ihre 24 Fäden um den vorderen Kettstab in derselben Reihenfolge wie für den Einzug in den Kamm. Überprüfen Sie Ihre Spannungen.
- Ziehen Sie jeden Faden durch den Kamm: 1 Faden durch eine Kammlücke, einen Faden durch einen Kammzwischenraum. Kontrollieren Sie den Fadeneinzug.
- Knoten Sie Ihre 24 Kettfäden um den hinteren Kettstab.
  Spreizen Sie die Fäden auf eine Breite von 6 cm und halten Sie einen Abstand von 0,25 cm zwischen den Fäden ein.

Weben
- Markieren Sie mit Hilfe eines Filzstiftes die Form der ersten 5 cm des Halsschmuckes auf Ihre aufgespannte Kette. Stellen Sie Ihre Markierungen auf die Mitte ein. (Zeichnen Sie mit einem Filzstift auf die Kette).
- Weben Sie die ersten zwei Zentimeter in Lurex. Der Schuß deckt die dünne Kette vollkommen.
- Weben Sie 3 cm in Form – mit schwarzer Baumwolle in Leinwandbindung – und tragen Sie dazwischen einige Lurexschüsse ein. Wenn Sie die ersten 5 cm fertiggewebt haben, weben Sie wieder über die ganze Kettenbreite.
- Ziehen Sie die äußeren Kettfäden leicht nach. Die Fäden haben vielleicht, als sie nicht gebraucht wurden, an Spannung verloren.
- Weben Sie 5 cm in Lurex.
- Wenn Sie zu den Punkten G.H. kommen, bereiten Sie 2 Weberschiffchen vor.
  Weben Sie auf jeder Seite zwei Streifen von zwei Zentimeter Breite. Lassen Sie in der Mitte drei Zentimeter, das sind 12 Fäden, unverwebt.
- Weben Sie Ihre beiden Streifen nacheinander oder gleichzeitig 35 cm lang in schwarzer Baumwolle.
- Weben Sie zum Schluß 5 cm in Lurex über die ganze Kettenbreite.

Fertigstellen
- Nehmen Sie die Webarbeit ab. Vernähen Sie alle Kettfäden, einen nach dem anderen, in das Gewebe. Reihen Sie gemäß dem Muster Perlen auf die vorderen Fransen.
Anmerkung: Abb. 41 zeigt einen Halsschmuck in Gobelintechnik (Abb. 72).

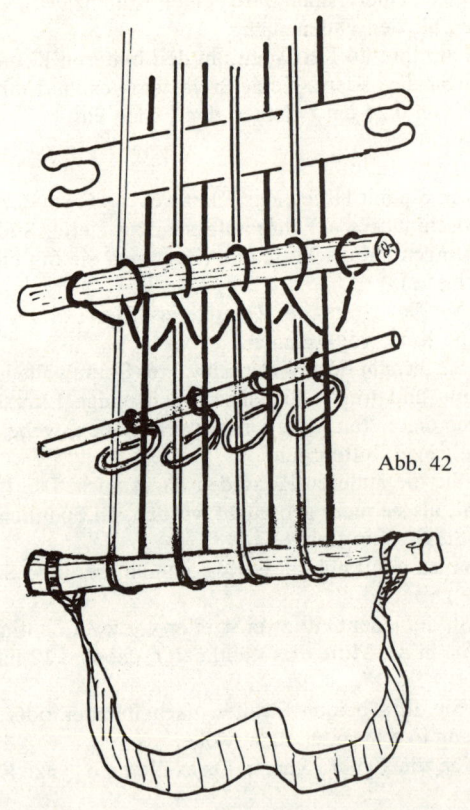

Abb. 42

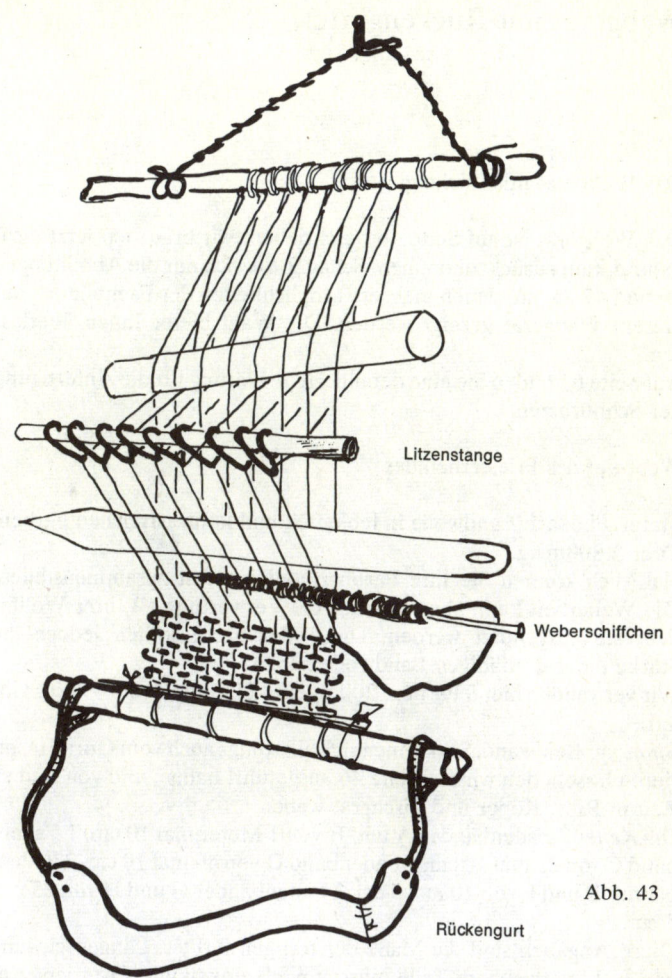

Litzenstange

Weberschiffchen

Abb. 43

Rückengurt

55

Herstellung eines »Inka-Priesterhemdes« auf einem Webgerät mit Rückengürtel

Das Webgerät mit Rückengürtel

Das Webgerät ist auf Seite 46 beschrieben: wir brauchen jetzt nicht mehr darauf zurückzukommen. Schauen Sie sich nur die Abbildungen 40 und 42 an, auf denen mehrere Möglichkeiten der Fachbildung auf diesem Webgerät gezeigt werden. Die Wahl bleibt Ihnen überlassen.
Auf Seite 61 finden Sie eine detaillierte Erklärung für die Anfertigung der Schnurlitzen.

Webbrief des Priesterhemdes

Materialbedarf: Landwolle in lebhaften und kontrastreichen Farben, Titer 2.800m/kg.
Natürlich können Sie Ihre Farbharmonien selbst zusammenstellen. Die Webarbeit kann aber auch für die Verwertung all Ihrer Wollfadenreste ausgenutzt werden. Die Fadenstücke sollten jedoch die Stärke einer dreifädigen Landwolle haben.
Wir verwenden hier 3 Farben: 200 g gelb – 200 g goldgelb – 200 g violett.
Bindung: Leinwand. Sie können sich allerdings auch vom Gürtel inspirieren lassen, den wir auf Seite 46 ausgeführt haben, und von Zeit zu Zeit in Rips, Köper und Fischgrat weben.
Die Kette: 2 Fadenbänder A und B von 1 Meter mal 10 cm, 1 Fadenband C von 25 mal 10 cm, 1 Fadenband D von 40 mal 10 cm, 2 Fadenbänder E und F von 40 mal 5 cm, 2 Fadenbänder G und H von 25 mal 5 cm.
Diese Angaben sind die Maße der fertigen Arbeit. Längenschwund und nicht verwebbare Teile müssen noch einkalkuliert werden. Anzahl der Fäden auf den cm: 3
Fadendichte bei Kette wie bei Schuß gleich.
Scheren
– Zuerst eine 2 Meter lange Kette in Gelb für die Fadenbänder A und

D aufziehen – Kettabfall, Längenschwund und nicht verwebbare Teile sind inbegriffen.
– Spreizen Sie Ihre 30 Fäden auf eine Breite von 10 cm – siehe Detail der Kettfadenaufbringung auf Seite 56.

Weben
– Leinwand – Tragen Sie 3 Schüsse auf den cm ein und bilden Sie Farbstreifen auf einer Länge von 110 cm: 8 cm gelb, 4 cm goldgelb, 2 cm violett, 6 cm gelb, 2 cm violett, 8 cm gelb, usw. (Längenschwund inbegriffen).
– Lassen Sie dann 10 cm Kette stehen und weben Sie 44 cm ganz in Gelb für den Streifen D.
– Nehmen Sie die beiden Streifen ab.
Scheren Sie eine neue Kette für die Fadenbänder B und C.
– Spreizen Sie 30 violette Fäden von 175 cm Länge auf 10 cm Breite (3 Fäden auf den cm) – Kettabfall und Längenschwund inbegriffen.
Weben Sie 110 cm in verschieden schmalen Farbstreifen: violett, gelb, goldgelb.
– Lassen Sie 10 cm Kette stehen und weben Sie für den Streifen C 28 cm mit einem violetten Schuß.
– Nehmen Sie diese beiden Streifen ab.
Scheren Sie für die Fadenbänder E, F, G, H eine neue Kette von 2 m Länge in Goldgelb (Längenschwund inbegriffen). Spreizen Sie die Bänder auf eine Breite von 5 cm.

Abb. 44

Weben Sie 28 cm aus 5 cm breiten goldgelben und gelben Streifen
28 cm aus 2 cm breiten gelben und violetten Streifen
44 cm in Gelb und Violett
44 cm in Goldgelb und Violett
Jeder Streifen ist durch ein 10 cm breites unverwebtes Kettstück vom
anderen getrennt.

Abschlußarbeiten
— Sie können entweder überall Fransen bilden: knoten Sie die Fäden
  zu viert zusammen oder
  die Fäden einzeln in das Gewebe einziehen.
  Wir haben uns für die letzte Möglichkeit entschieden.
— Setzen Sie Ihre Stoffstreifen gemäß Skizze 45 zusammen und nähen
  Sie sie mit überwendlichen Stichen aneinander.
— Sie können das Gewand mit einem Filzstoff füttern.

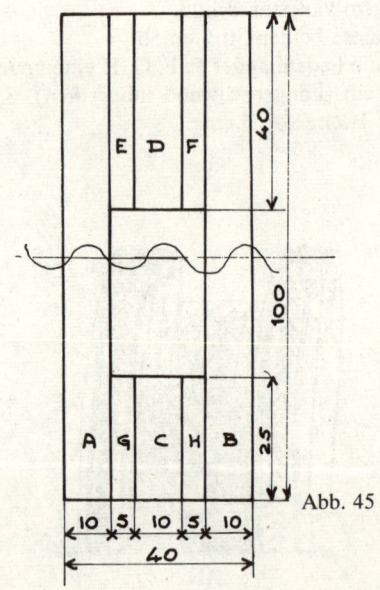

Abb. 45

Herstellung eines Langschals mit Taschen auf einem Nagelrahmen mit Litzenstab

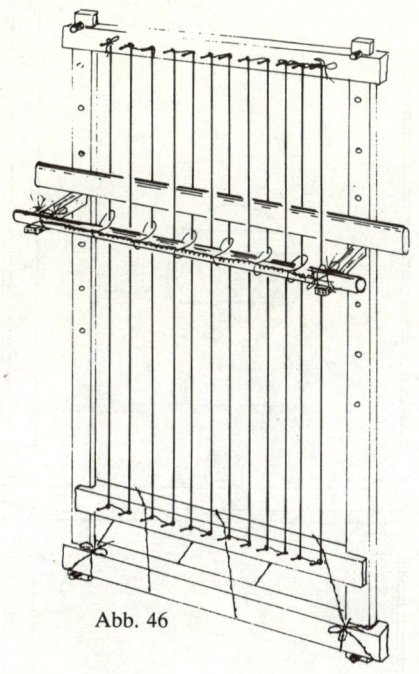

Abb. 46

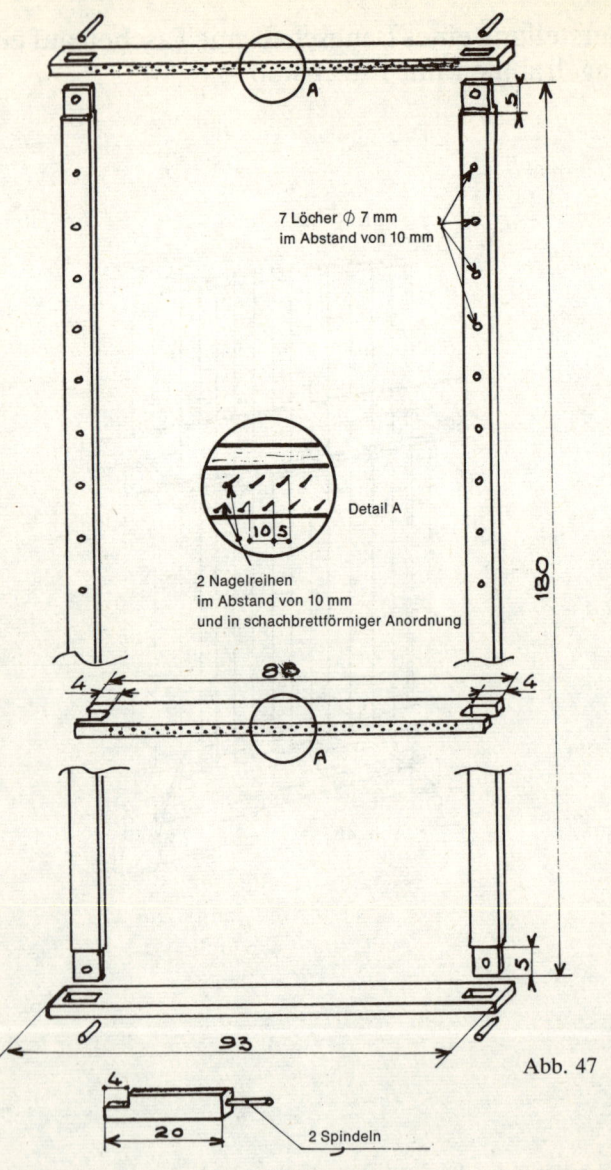

7 Löcher Ø 7 mm
im Abstand von 10 mm

Detail A

2 Nagelreihen
im Abstand von 10 mm
und in schachbrettförmiger Anordnung

Abb. 47

2 Spindeln

60

Das Webgerät

Dieses Webgerät wird entlang einer Wand aufgestellt. Die Kette ist daher senkrecht; es ist ein »Hautelissestuhl«.
Materialbedarf: Holz – Nägel – Besenstiel für die Herstellung des Litzenstabes – flacher Stab von 90 mal 3 cm für den Kreuzstab. Das Webgerät gemäß dem Konstruktionsschema (S. 60) herstellen.

Prinzip des Webgeräts:
– Aufspannen der Kette zwischen zwei Nagelreihen
– Nachspannen der Kette durch Bindfaden
– Öffnung der beiden Fächer durch einen Kreuzstab und Schnurlitzen auf einem Litzenstab.

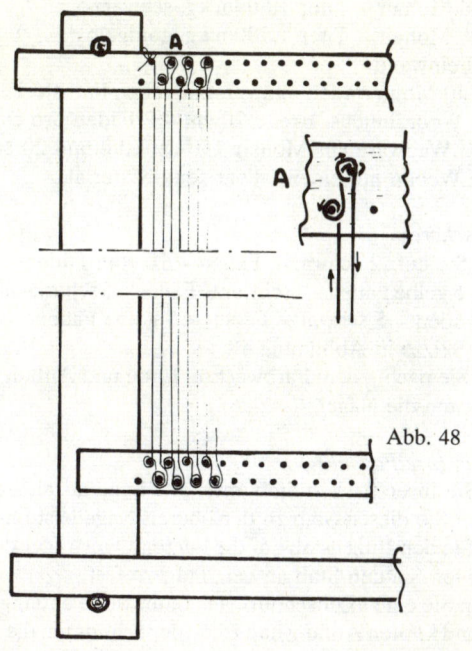

Abb. 48

Neuerung:
– Die Litzen, das Nachspannen der Kette.
Anmerkung: Die Nägel sind in den Querleisten dieses Webgerätes in einem Abstand von einem halben Zentimeter geschlagen. Sie können auch, um ein feineres Gewebe zu erhalten, ein anderes Nagelspiel spielen, und die Nägel in einem Abstand von 1/3 cm einschlagen. Kleben Sie, bevor Sie die Nägel einschlagen, ein Millimeterpapier auf die Rahmenleiste.

Webbrief des Langschals mit Taschen

Materialbedarf:
20 g 100 % Mohair – Titer 1.500m/kg, rot
20 g 100 % Mohair – Titer 1.500m/kg, scharlachrot
20 g 100 % Mohair – Titer 1.500m/kg, schwarz
20 g 100 % Mohair – Titer 1.500m/kg, goldgelb
Bindung: Leinwand
Die Kette: 40 Mohairfäden – in verschiedenen Farbstreifen – von der Länge des Webrahmens. Breite 20 cm – 2 Fäden pro cm.
Der Schuß: Webware aus Mohair 150 cm lang und 20 cm breit.
Neuerung: Weben mit einem »haarigen« Material.

Die Kette scheren
– Ziehen Sie auf: 2 schwarze Fäden – 10 rote Fäden – 2 schwarze Fäden – 5 gelbe Fäden – 4 schwarze Fäden – 5 scharlachrote Fäden – 2 rote Fäden – 5 schwarze Fäden – 5 gelbe Fäden.
– Gemäß Skizze in Abbildung 48.
  Knoten Sie nach jedem Farbwechsel Ende und Anfang des Fadens sehr fest um die Nägel.

Bereiten Sie Ihre Fadenkreuze vor
– Legen Sie Ihren flachen Stab unter alle ungeradzahligen Fäden.
– Schieben Sie diesen Stab zu der oberen Nagelleiste hinauf.
– Setzen Sie den Litzenstab auf die kurzen Querträger des Rahmens und binden Sie den Stab an den Trägern fest.
– Spannen Sie eine »Leitschnur« aus Baumwolle entlang des Litzenstabes und knoten Anfang und Ende der Schnur um die Querträger.
– Befestigen Sie links an der »Leitschnur« das Ende des Baumwollknäuels, das Sie in der rechten Hand halten.

— Schieben Sie Ihren linken Arm durch die Schlinge, die sich zwischen Baumwollknäuel und Leitschnur gebildet hat.
— Erfassen Sie mit Ihrer linken Hand unter dem Litzenstab einen ungeraden Kettfaden, um den die Litzenschnur zu winden ist.
— Führen Sie das Baumwollknäuel mit Ihrer rechten Hand über den Litzenstab von oben nach unten und von rechts nach links zu Ihrer linken Hand.
— Die linke Hand nimmt das Knäuel und zieht es nach außen. Die Schlinge wird herausgezogen: die Litze ist fertig.
— Nehmen Sie das Knäuel wieder in die rechte Hand und schlagen Sie 2 oder 3 Festonknoten um die Leitschnur.
— Schieben Sie von neuem Ihren linken Arm unter dem Litzenstab durch die Schlinge, die zwischen Baumwollknäuel und Leitschnur entstanden ist. Nehmen Sie mit Ihrer linken Hand den zweiten ungeraden Faden. Achten Sie darauf, daß links davon ein gerader Faden liegt.
— Die rechte Hand über dem Litzenstab nimmt wieder das Knäuel aus der linken Hand und führt die Schnur wie oben angegeben um den Litzenstab herum. Fahren Sie in dieser Weise fort.
— Knoten Sie das Schnurende der letzten Litze am rechten Querträger.

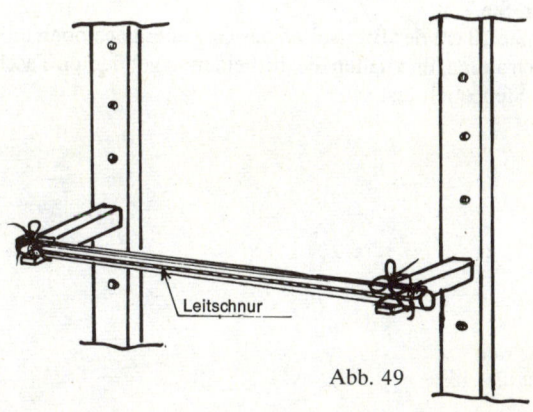

Leitschnur

Abb. 49

Das Weben des Langschals mit Taschen

– Weben Sie 18 cm in schmalen Farbstreifen Ihrer Wahl.
  Schlagen Sie sehr leicht an: Sie sollen 2 Schußfäden auf den cm wiederfinden.
– Knüpfen Sie eine Reihe Ghiordesknoten (siehe Abb. 65). Diese Knotenreihe erspart Ihnen später das Ansetzen von Fransen.
– Weben Sie eine Schußreihe mit Mohairwolle und knüpfen Sie eine zweite Reihe Ghiordesknoten.
– Weben Sie auf einer Länge von 114 cm abwechselnd 10 cm breite Streifen mit den hellen und 5 cm breite Streifen mit den dunklen Farben.
– Knüpfen Sie dann wieder eine Reihe Ghiordesknoten. Geben Sie einen normalen Schuß durch und knüpfen Sie erneut eine Reihe Ghiordesknoten. Stellen Sie die Farben für Ihre Fransen passend zusammen.
– Weben Sie 18 cm diesmal in breiten Farbstreifen.

Abschlußarbeiten
– Schneiden Sie die Webarbeit dicht bei den Nägeln ab, nachdem Sie Anfang und Ende des noch aufgespannten Gewebes abgeheftet haben.
– Schneiden Sie die Kette ganz knapp hinter der Webware durch und säumen Sie.
– Legen Sie 18 cm der Breitseiten des Gewebes nach oben um, Fransen nach außen, und nähen Sie die beiden so gebildeten Taschen mit einem Steppstich fest.

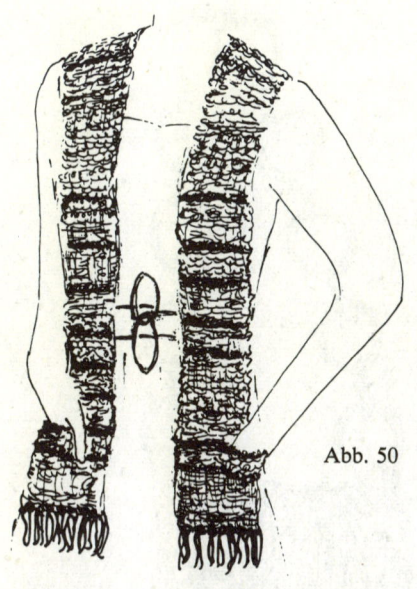

Abb. 50

Herstellung einer Tasche aus Teppichwolle mit Wollvliesüberschlag auf einem Webrahmen

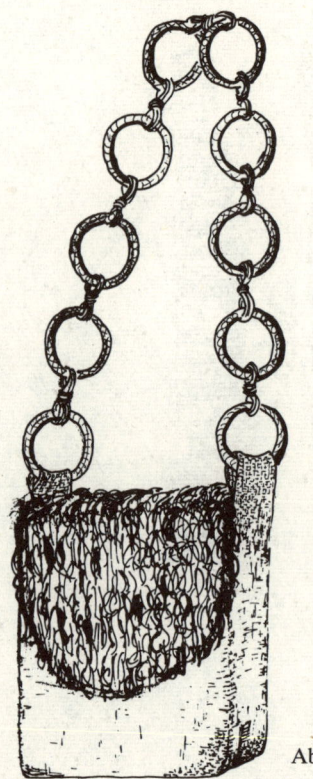

Abb. 51

Das Webgerät ist auf Seite 60 beschrieben. Keine Veränderung – Abb. 46–47.

Webbrief der Tasche

Materialbedarf:
100 g Baumwolle für die Kette, Titer 1.800m/kg
9 Holzringe
100 g assortiertes Wollvlies rohweiß und meliert
300 g neunfädige rostbraune Teppichwolle
Bindung: Leinwand
Die Kette: Baumwolle, 70 cm breit mit 2 Fäden auf den cm; das sind
140 Fäden in der Länge des Rahmens.
Der Schuß: Weben gemäß nachstehender Skizze.

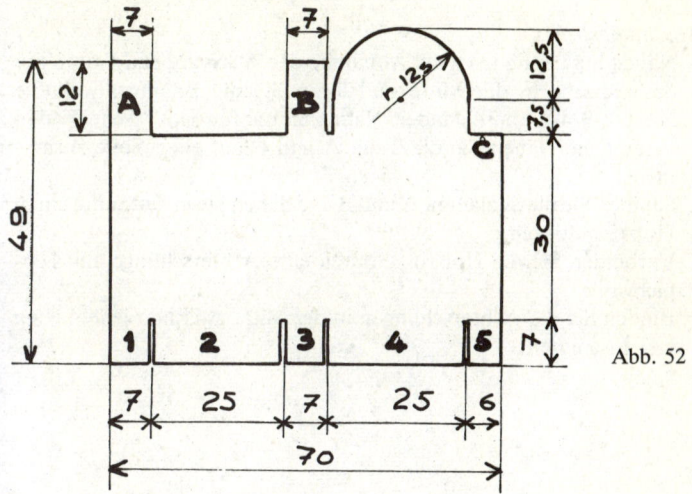

Abb. 52

Die Kette scheren
– Bereiten Sie gemäß den auf den Seiten 62 und 63 gegebenen Erklärungen zwei Fächer vor.

Weben
- Zeichnen Sie Ihr Muster mit Hilfe eines Filzstiftes auf Ihre Kette. (Hier können Sie sogar Ihre Musterzeichnung hinter Ihre Kette stellen, indem Sie das Papier auf die Rahmenleisten kleben).
- Weben Sie 7 cm mit Baumwolle und 5 verschiedenen Weberschiffchen.
- Weben Sie 30 cm mit rostbrauner Teppichwolle, aber nur mit einem Weberschiffchen.
- Weben Sie 12 cm für die Taschenträger A und B – 6 cm mit Teppichwolle und 6 cm mit Baumwolle für den Saum.
- Weben Sie für den Taschenüberschlag 6 cm mit Teppichwolle und dann mit Wollvlies. Legen Sie die kurzen Wollvliesfäden wie »einen Schnurrbart« zumindest 2 cm im Fach übereinander. Aber nicht zuviel, damit die Kettfäden nicht auseinandergetrieben werden.
- Tragen Sie einen Schuß mit Wollvlies ein. Lassen Sie die Wollhärchen nach außen hervorragen. Geben Sie zur Festigung der Webware einen Schuß mit Baumwolle durch. Schlagen Sie stark an.

Abschlußarbeiten
- Nähen Sie die Fäden nach Abnahme der Webware ein. Falzen Sie das Gewebe in der Mitte und legen Sie die Baumwollwebteile Nr. 1-2-3-4-5 übereinander. Nähen Sie sie für den Taschenboden zusammen. Nähen Sie die Teile A und C auf einer Seite zusammen.
- Säumen Sie die Schlaufen A und B und nähen Sie in den Saum einen Holzring mit ein.
- Verbinden Sie die Holzringe durch eine Achterschlinge aus Teppichwolle.
- Binden Sie die Achterschlingen in der Mitte zwischen jedem Ring fest zusammen.

Herstellung eines ärmellosen Jäckchens mit passendem Bahnenrock auf einem Nagelrahmen

Abb. 53

Das Webgerät

Es ist auf Seite 60 erklärt; keine Neuerung.

Webbrief des Jäckchens und des Rockes

Materialbedarf:
— Für das Jäckchen: ungefähr 500 g rohweißes Dochtgarn für den Schuß. Das Dochtgarn für den Schuß wird nur in halber Stärke verwendet. 100 g dreifädige Landwolle in Rohweiß, Titer 2.800m/kg, für die Kette.
— Für den Rock: 1 kg dreifädige Landwolle in Rohweiß mit demselben Titer wie oben und 70 g Dochtgarn.

Die Kette:
— Für das Jäckchen: 130 Fäden in der Länge Ihres Rahmens, 2 Fäden auf den cm.
— Für den Rock: 10 mal 90 Fäden in der Länge des Rahmens, 3 Fäden auf den cm.

Der Schuß:
— Für den Rock: Leinwandbindung mit dreifädiger Landwolle, 3 Fäden auf den cm, einige Schüsse mit Dochtgarn.
— Für das Jäckchen: Leinwandbindung mit Dochtgarn.

Weben des Jäckchens in Form

Neuerung: Hinzufügen des Längenschwundes
— Besorgen Sie sich den Schnittbogen eines Jäckchens oder inspirieren Sie sich an unserem abgebildeten Muster. Prüfen Sie jedoch, ob die Maße Ihrer Größe entsprechen.
— Ändern Sie eventuell die Maße und schneiden Sie sich einen naturgroßen Musterbogen zu.
— Wir werden dieses Jäckchen in Längsrichtung aus einem Stück in Form weben.
— Da wir die Richtung des Gewebes kennen, können wir den Längenschwund hinzufügen.
— Das von uns zum Weben vorgeschlagene Jäckchen wird aus dicker

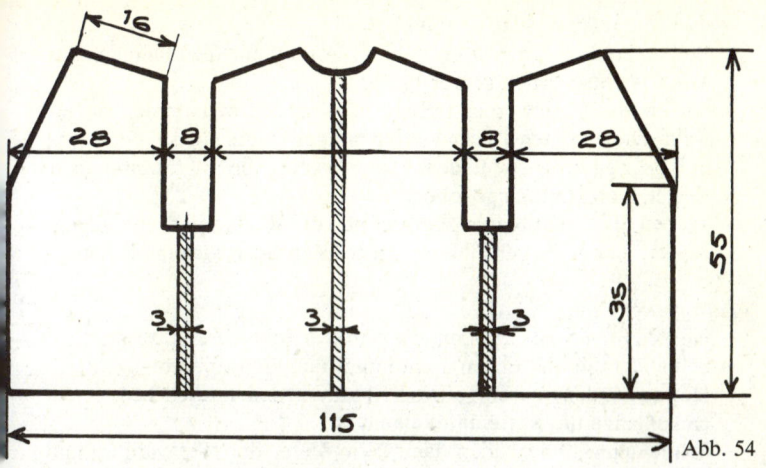

Abb. 54

Wolle hergestellt. Da mit einem Längenschwund von 15 % zu rechnen ist, muß zur Jackenlänge von 100 cm fachgerecht 15 cm hinzugefügt werden (die zusätzliche Länge kann natürlich nicht nur im Vorderteil oder im Rückenteil dazugegeben werden).

– Schneiden Sie Ihren Musterbogen in 4 Teile, unter den Ärmellöchern (in der Mitte) und in der Mitte des Rückens.
– Bereiten Sie drei 5 cm breite Papierstreifen vor und kleben Sie die Streifen zwischen jedem Musterbogenteil ein.
– Weben Sie mit Dochtgarn in Leinwandbindung. Folgen Sie diesem neuen Muster (indem Sie die Kettfäden verwenden oder liegenlassen).
– Beachten Sie, daß das Dochtgarn in kleinen Längen von 30 oder 40 cm von Hand eingearbeitet wird, indem man die Faserstränge nicht nebeneinander, sondern übereinander legt.

Fertigstellen
– Heften Sie alle unverwebten Kettfäden, solange sie aufgespannt sind.
– Schneiden Sie Ihre Kette ganz dicht bei den Nägeln ab.
– Nähen Sie alle Fäden in das Gewebe ein.
– Nähen Sie die Schultern.

71

Weben des Wickelrockes in Bahnen

- Weben Sie in Form 10 Rockbahnen. Ändern Sie die Maße unseres Musters entsprechend Ihrer Größe.
- Die ersten 20 cm werden in Leinwand mit 3 Fäden auf den cm gewebt. Die nächsten 10 cm werden mit der Hälfte eines Dochtgarns in Köper gewebt. Die Fäden werden wie in Abb. 39 (zweibindiger Köper) von Hand angehoben.
- Weben Sie dann bis zum oberen Ende des Rockes in dreibindigem Köper, indem Sie gemäß dem Muster Kettfäden »fallen« lassen.

Fertigstellen

- Knoten Sie jeweils 2 Fäden, die nicht verwebt wurden, zusammen. Schneiden Sie die Fäden 1 cm hinter der Webware ab.
- Heften Sie den oberen Teil von 12 cm und den unteren Teil von 30 cm, solange die Kette aufgespannt ist.
- Schneiden Sie die Fäden dann 2 cm hinter der Webware ab und säumen Sie den oberen und unteren Teil der Rockbahn.
- Stellen Sie in dieser Weise 10 Rockbahnen her. Nähen Sie sie auf ihrer Rückseite mit überwendlichen Stichen zusammen.

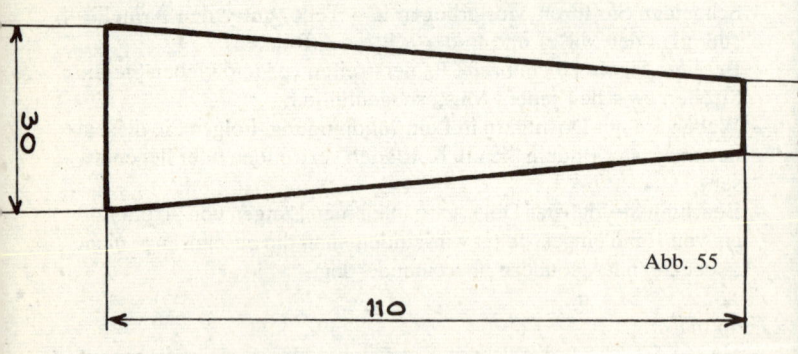

Abb. 55

Weben Sie einen Gürtel

– aus 2 Streifen von 4 cm Breite und 2 m Länge. (3 Fäden auf den cm, in Landwolle). Nähen Sie die Streifenenden aneinander.
– Diesen Gürtel an die Rocktaille annähen. Beginnen Sie von der Mitte aus.
– Die Gürtelenden, die auf jeder Seite überstehen, können vorn am Rock zu einem Knoten gebunden werden.

Herstellung einer »Ajour-Tasche« aus Sisalschnur auf einem Nagelrahmen

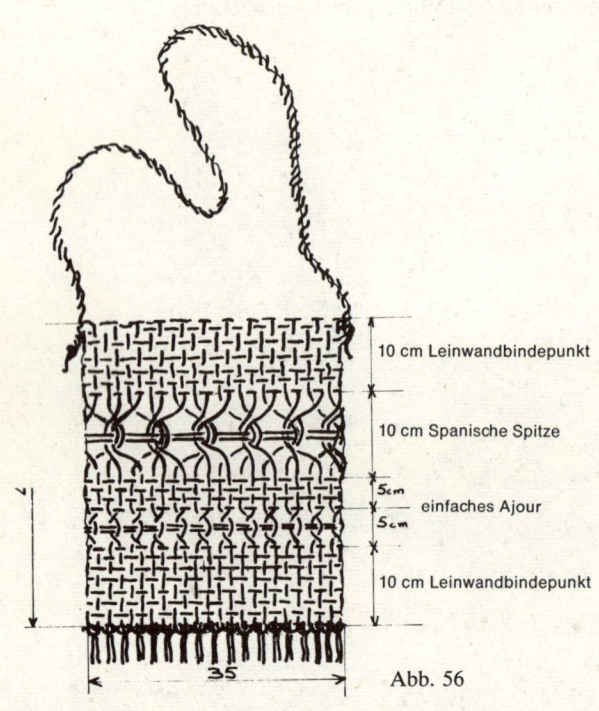

10 cm Leinwandbindepunkt

10 cm Spanische Spitze

5cm

einfaches Ajour

5cm

10 cm Leinwandbindepunkt

35

Abb. 56

Das Webgerät ist auf Seite 60 beschrieben.

Webbrief der Ajourtasche

Materialbedarf: 3 Knäuel aus naturfarbener oder gefärbter Sisal-schnur.
Die Kette: 70 Fäden, auf 35 cm, in der Länge Ihres Rahmens (Die Tasche wird in einem Stück 80 cm lang gewebt).
Der Schuß: Leinwandbindung, Leno und Spanische Spitze, 80 mal 35 cm.
Technische Neuerung: Die Ajourbindung.

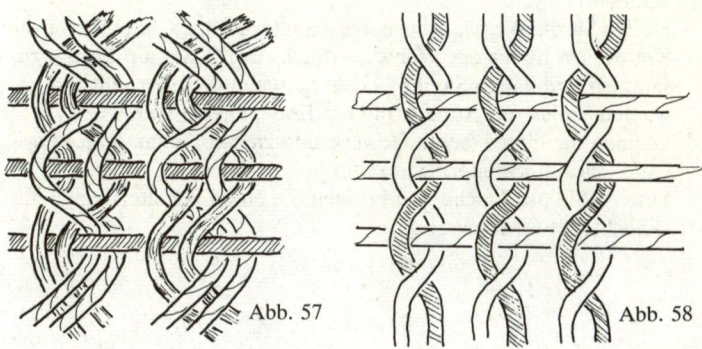

Abb. 57   Abb. 58

Die Kette scheren
– nach der in Abb. 48 erklärten Methode, 70 Fäden, 2 Fäden auf den cm.
– Bereiten Sie Ihre beiden Fächer vor (siehe Seite 62/63).

Weben
– Beginnen Sie 10 cm oberhalb der unteren Nagelleiste.
– Weben Sie 5 cm mit sehr festen Leinwandbindepunkten an.
– Weben Sie 10 cm, 2 Fäden auf den cm, in »Leinwand«.
– Führen Sie 10 cm Spanische Webarbeit aus: dieses durchbrochene Gewebe wird durch Zusammendrehen der Kettfäden gemäß Skizze 57 hergestellt.
– Natürlich werden nur die Finger verwendet, um die Kettfäden zusammenzudrehen, das Fach zu öffnen und den Schuß nach jedem zweiten oder dritten Zentimeter einzutragen.

- Weben Sie 5 cm nicht sehr fest in Leinwand.
- Führen Sie 5 cm in einfachem Ajour oder Leno aus (tragen Sie 2 Schüsse ein). (Abb. 58)
- Weben Sie 10 cm in dichterer Leinwandbindung und knüpfen Sie eine Reihe Ghiordesknoten für die Fransen am unteren Rand der Tasche (Abb. 65).

Sie haben jetzt die Hälfte der Tasche. Weben Sie für die zweite Hälfte der Tasche genau das gleiche noch einmal, aber in umgekehrter Reihenfolge: 10 cm feste Leinwand – 5 cm Leno – 5 cm nicht sehr feste Leinwand – 10 cm Spanische Spitze – 10 cm lockere und 5 cm sehr feste Leinwand.

Abschlußarbeiten
- Heften Sie die Webware bei aufgespannter Kette. Schneiden Sie die Kette 1 cm hinter der Webware durch. Legen Sie die Tasche zusammen und nähen Sie die beiden Seiten, außer den sehr fest gewebten Teilen am Anfang und am Ende, aneinander.
- Säumen Sie dieses dichte Gewebe und ziehen Sie ein Durchzugsband aus geflochtener Schnur ein.
- Füttern Sie die Tasche und bringen Sie einen Schulterriemen aus geflochtener Sisalschnur an.

Herstellung einer gefütterten Puppe in Schlauchform auf einem Nagelrahmen

Das hier benutzte Webgerät ist auf Seite 60 beschrieben. Da wir einen Schlauch weben, für den wir abwechselnd einen von vier Fäden – dann drei von vier Fäden – dann wieder einen von vier Fäden, aber anders als für das erste Fach anheben, verwenden wir weder einen Kreuz-noch einen Litzenstab.
Auf der Nagelleiste sollen 3 Nägel auf den cm sein.

Der technische Webbrief der Puppe

Materialbedarf:
– 100 g Teppichwolle in Violett – Abkürzung: V
– 100 g Teppichwolle in Indischrosa – Abkürzung: I
– 100 g Teppichwolle in Lilarot – Abkürzung: L
– 100 g Teppichwolle in Blaßrosa – Abkürzung: B

Die Kette:
– 60 Fäden aus Teppichwolle, 3 Fäden auf den cm – ein violetter – ein blaßrosa – ein indischrosa – ein lilaroter Faden – usw.
Wir legen Wert auf diese Reihenfolge der Farben.
Das obere Gewebe wird mit den zartrosa und lilaroten Fäden gebildet.
Das untere Gewebe wird durch Verweben der indischrosa und der violetten Fäden gebildet.
Wenn Sie die Farben ändern wollen, wählen Sie kontrastreiche Farben aus. Bringen Sie Ihre Kette auf den Rahmen, indem Sie einen Faden für das Obergewebe, einen Faden für das Untergewebe, einen Faden für das Obergewebe, aber in anderer Farbe als der erste Faden und einen Faden für das Untergewebe, aber in anderer Farbe als der zweite Faden (immer mit 4 Farben) aufziehen.

Der Schuß:
Weben auf zwei Ebenen mit einem einzigen Weberschiffchen.
Das Prinzip dieses Webens ist relativ einfach. Zur Herstellung eines

Stoffes braucht man nur die Verkreuzung des Schusses mit 2 Kettfäden abzuwechseln. In unserem Fall, die rosa und lilaroten Kettfäden für das Obergewebe.

Um ein zweites Gewebe unter dem ersten zu erhalten, verwenden wir die violetten und indischrosa Kettfäden. Wir ließen Sie 60 Fäden scheren – 30 Fäden sind für einen, 30 Fäden für den anderen Stoff bestimmt.

Man muß immer doppelt soviel Kettfäden aufbringen als man für den gleichen Stoff auf einer Ebene aufziehen würde.

Die Kette scheren
– gemäß den Anweisungen auf der Seite 77 unter der Rubrik Kette und der auf der Seite 62 erklärten Methode.

Abb. 59

Weben
- Man muß zuerst in Leinwandbindung über beide Fadenbänder weben, damit der Schlauch abgebunden wird.
- Heben Sie zusammen die rosa und violetten Fäden an und geben Sie einen violetten Schuß durch.
- Heben Sie zusammen die indischrosa und lilaroten Fäden an und tragen Sie einen Schuß ein. Weben Sie in dieser Weise 4 cm fort.
- Beginnen Sie jetzt mit dem Weben in Schlauchform auf 2 Ebenen.
- Erinnerung: Das obere Fadenband besteht aus rosa und lilaroten Kettfäden (ein von zwei Fäden).
- Das untere Fadenband setzt sich aus violetten und indischrosa Kettfäden zusammen, 1 von 2 Fäden.
1. Tragen Sie Ihren Schuß zwischen den rosa angehobenen und allen anderen gelassenen Fäden ein.
2. Tragen Sie Ihren zweiten Schuß zwischen allen rosa – lilaroten – violetten angehobenen und den indischrosa gelassenen Fäden ein.
3. Tragen Sie Ihren Schuß (immer fortlaufend) zwischen den angehobenen lilaroten und allen anderen liegengebliebenen Fäden ein.
4. Tragen Sie Ihren Schuß zwischen allen angehobenen rosa – lilaroten und indischrosa und den gelassenen violetten Fäden ein.
- Fahren Sie in dieser Weise 20 cm zu weben fort. Wechseln Sie den Schuß, wenn Sie beim oberen Fadenband, d. h. zwischen den rosa oder lilaroten Fäden sind.
- Diese 10 cm werden violett gewebt.
- Legen Sie Ihre Hand zwischen die Fadenbänder, um sich zu überzeugen, daß Sie sich nicht geirrt haben.
- Füllen Sie mit Wollvlies oder mit Schaumstoffkügelchen.
- Weben Sie wie am Anfang 4 cm in Leinwandbindung über beide Fadenbänder, um den gefüllten Schlauch zu schließen.
- Weben Sie 10 cm in Schlauchform mit einem lilaroten Schuß. Legen Sie Füllmaterial ein und schließen Sie den Schlauch.
- Weben Sie wieder 10 cm in Schlauchform, diesmal mit einem indischrosa Schuß. Füllen Sie und schließen Sie ab.
- Weben Sie erneut 20 cm in Schlauchform mit einem rosa Schuß. Füllen Sie, binden Sie ab. Lassen Sie 30 cm Kette stehen.
- Weben Sie die beiden streifenförmigen Arme.
  1. Weben Sie 2 cm über beide Fadenbänder.
  2. Weben Sie 7 cm in Schlauchform.

3. Legen Sie Füllmaterial ein.

4. Weben Sie 2 cm über beide Fadenbänder.

– Lassen Sie 10 cm Kette stehen und stellen Sie den anderen Arm her.

Abschlußarbeiten

– Heften Sie alle aufgespannten Webteile fest.
– Schneiden Sie dicht bei den Nägeln ab.
– Schneiden Sie die Kette zwischen den beiden Armen und zwischen Arm und Kopf durch. Lassen Sie die Fäden möglichst lang beim Kopf; sie werden als Haare dienen.
– Nähen Sie die Arme direkt am Puppenkörper unterhalb des rosa Kopfes an.
– Sticken Sie oder zeichnen Sie mit einem Filzstift Augen und Mund.

Herstellung einer Babyschaukel, eines Liegestuhlbezuges mit passendem Kissen aus Teppichwolle auf einem Hautelissestuhl

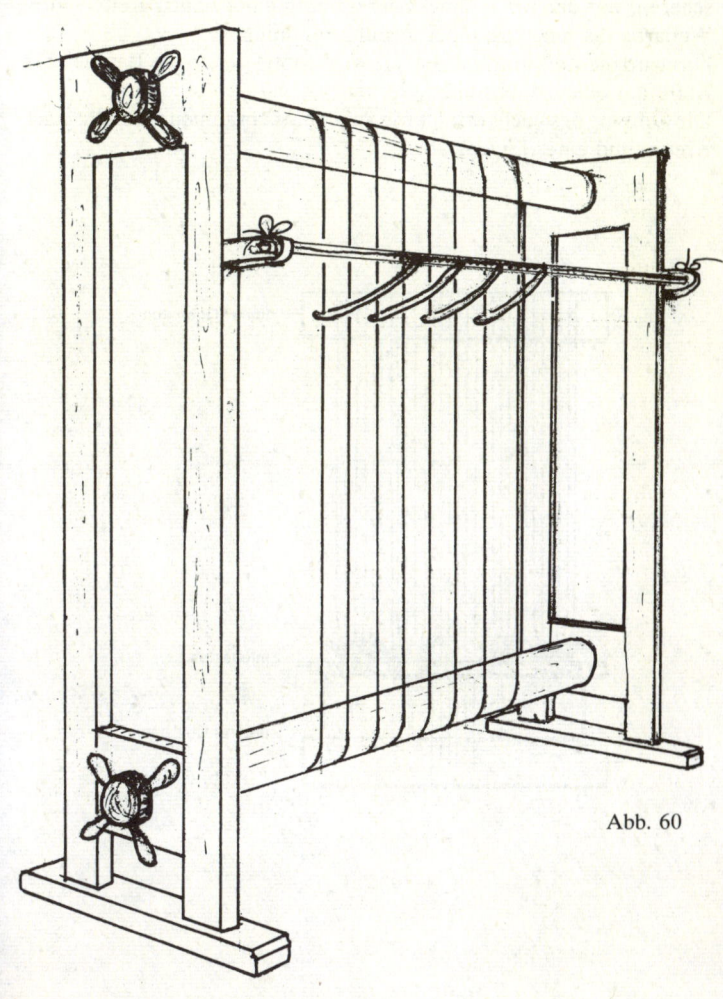

Abb. 60

Der Hautelissestuhl hat gegenüber allen bisher angeführten Webgeräten den Vorteil, daß er die Kette auf einer Walze, die man Kettbaum nennt, aufbewahren und den fertigen Stoff auf einer anderen Walze aufnehmen kann.

Wir werden uns diesen Vorteil zunutzemachen, um eine lange Kette zu scheren, mit der wir – ohne Vorbereitung einer neuen Kette – drei Webarbeiten hintereinander ausführen können.

Das wird die Zeit wettmachen, die wir benötigen, um das Bäumen der Kette auf einem Webstuhl zu lernen.

Die Öffnung des Fachs erfolgt wie auf dem Webrahmen mit Hilfe eines Kreuz- und eines Litzenstabes.

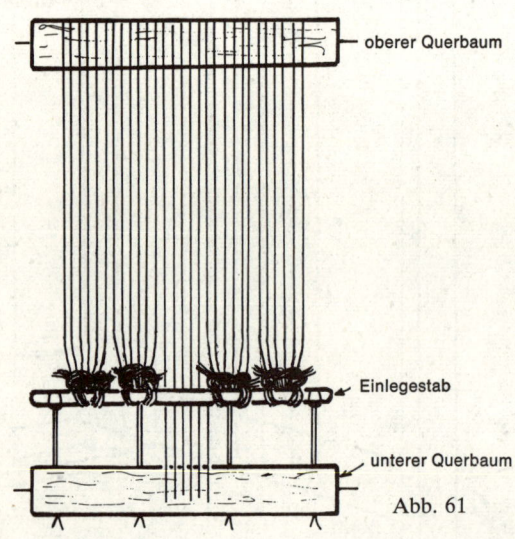

oberer Querbaum

Einlegestab

unterer Querbaum

Abb. 61

Technischer Webbrief der Werkstücke

Es versteht sich von selbst, daß die Kettfadendichte bei allen drei Webarbeiten dieselbe sein muß.

Die Kette:
Aus Baumwolle, 1.800 m/kg, 2 Fäden auf den cm.
– Für die Babyschaukel ist eine lange Kette erforderlich, da 50 cm Kette auf jeder Seite für die Schaukelaufhängung bestimmt ist: 2 Meter, Längenschwund inbegriffen.
– Die Kette für den Liegestuhlbezug muß auch 2 Meter lang sein.
– Die Kette des Kissens wird neben der Kette für die Babyschaukel auf den Webstuhl aufgebracht, da die Babyschaukel nur auf einer Breite von 25 cm gewebt wird, wir aber wegen der Breite des Liegestuhlbezuges die Kette auf 60 cm spreizen müssen.
Am Anfang jedes Werkstückes werden wir den Webbrief fortsetzen. Zuerst werden wir lernen, wie unsere 4 Meter lange Kette aufzubäumen ist.

Hilfsmittel zum Kettbäumen
– Ein Spulenbrett, das aus einer 50 mal 50 cm großen Platte besteht, in die 20 Nägel in regelmäßigen Abständen von 10 cm geschlagen sind. Auf diese Nägel werden 20 mit Baumwolle aufgewickelte Spulen in gleicher Abspulrichtung gesteckt.
Wir verwenden immer nur 20 Spulen, egal wie groß die Anzahl zu bäumender Kettfäden ist.
– Für unsere Webarbeiten müssen wir 120 Fäden zu je 4 Meter auf dem Webstuhl aufbringen (60 cm x 2 Fäden auf den cm).
– Wir werden daher sechsmal 20 Fäden zu je 4 Meter aufbäumen.
– Unsere Spulen müssen deshalb sechsmal 4 oder mehr Meter enthalten, das sind zumindest 24 Meter pro Spule.
– Die genaue Meteranzahl Garn pro Spule ist schwer zu bestimmen, selbst wenn die Spulen auf Spulmaschinen gewickelt wurden, da sich die Garnmeteranzahl mit der Garnstärke ändert.
Um Fehlkalkulationen zu vermeiden, ist es ratsam, immer voll aufgewickelte Spulen zu verwenden. Die übrigbleibende Kette – vor allem, wenn sie aus Baumwolle ist – kann leicht wieder verwendet werden.
– Mit folgender Rechnung können Sie immer nachprüfen, ob Sie genügend Kette haben:

20 Spulen zu je 24 Meter = 480 Meter – wenn Sie 500 g Baumwolle, Titer 1.800m/kg, auf Ihre 20 Spulen aufwickeln, bleibt Ihnen eine Reserve von 420 Metern.

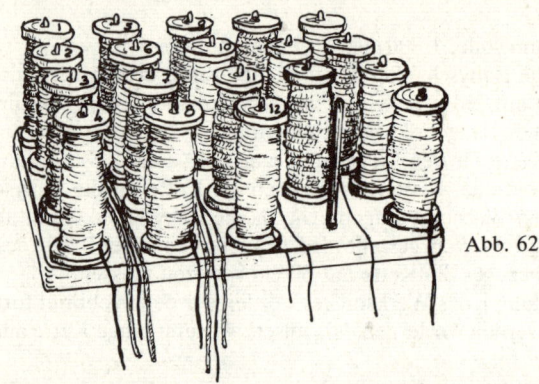

Abb. 62

Kettbäumen

– Es kann ganz nach Belieben entweder direkt auf den oberen oder auf den unteren Querbaum, der mehr in Ihrer Reichweite liegt, erfolgen. Wird die Kette auf den unteren Baum aufgerollt, muß sie auf den oberen Baum umgewickelt werden.
– Stellen Sie Ihr Spulenbrett hinter den Webstuhl auf ein Möbelstück oder auf einen Tisch.
– Knoten Sie jeweils 4 Ihrer 20 Fäden um den Einlegestab des Querbaums. (Der Knoten ist in der Webübersicht und in der Abbildung 63 erklärt).

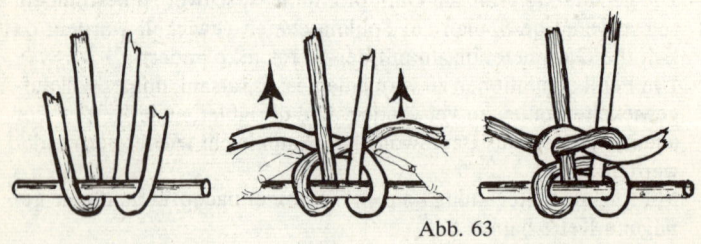

Abb. 63

- Spreizen Sie diese 20 Fäden auf eine Breite von 10 cm, da die Kette mit 2 Fäden auf den cm aufzubäumen ist.
- Messen Sie den Walzenumfang. Dividieren Sie die 4 Meter Ihrer aufzubäumenden Kette durch den Umfang der Walze, damit Sie wissen, wieviele Drehungen Sie machen müssen, um die gewünschte Kettenlänge zu erhalten.
- Drehen Sie Ihren Baum (es kann nur in eine Richtung gedreht werden, sofern Sie nicht die Sperrklinke verstellt haben).
- Machen Sie die erforderliche Zahl von Umdrehungen. Irren Sie sich nicht. Zählen Sie mit lauter Stimme jedes Mal, wenn der Einlegestab wieder auftaucht.
  Bei einem Walzenumfang von 50 cm müßte die Walze achtmal gedreht werden, um eine Kette von 4 Metern zu erhalten.
- Vorsichtsmaßnahme:
  1. Die Kettfäden müssen in gleichmäßigen Fadenscharen übereinander zu liegen kommen.
  2. Schalten Sie Ihre Hand nur ein, um die Walze anzuhalten. Ihre Kettspannung würde sich sonst verändern. Die Kettfäden sollen sich ganz allein von den Spulen abwickeln und auf die Walze aufrollen. Nur so kann eine gute Spannung garantiert werden.
- Wenn Sie die erforderliche Anzahl von Drehungen gemacht haben, flechten Sie zwei farblich kontrastierende Fäden aus Teppichwolle in Ihre 20 Kettfäden ein. Diese beiden eingeflochtenen Fäden halten die Kettfäden am Platz und erhalten ihren Parallellauf. Das Einflechten dieser 2 Fäden nennt man das Bilden des Fadenkreuzes.

Wie wird das Fadenkreuz gebildet?
- Bereiten Sie zwei sehr feste, farblich konstrastierende Fäden vor. Die Fäden sollen die Länge von einer Webstuhlbreite plus 50 cm haben.
- Bevor Sie die aufgebäumten Kettfäden abschneiden, die zwischen Spulenbrett und Querbaum unter Spannung stehen, knoten Sie die beiden Kreuzfäden (wenn Sie rechts begonnen haben) am rechten Ende des Einlegestabes an. Verkürzen Sie die Länge Ihrer Kreuzfäden, indem Sie sie zu Puscheln wickeln (siehe Abb. 17).
- Nehmen Sie zum Beispiel als ersten Kreuzfaden den dunkleren Faden, da es bei der Bildung des Fadenkreuzes wichtig ist, immer mit demselben Faden zu beginnen und diesen Faden nicht mit dem anderen Kreuzfaden zu verschränken.

- Weben Sie diesen dunkleren Kreuzfaden in Ihre Kette ein, indem Sie einen von zwei Fäden anheben.
- Nehmen Sie den helleren Kreuzfaden und weben Sie ihn ebenfalls in Ihre Kette ein, indem Sie aber diesmal alle beim ersten Kreuzfaden liegengelassenen Fäden anheben.
- Drehen Sie Ihre Walze um einige Zentimeter weiter. Schneiden Sie die Kette zwischen Walze und Spulenbrett durch. Machen Sie sich dort, wo Sie die Kette abschneiden, ein Merkzeichen, damit Sie die nächste Kette genau an derselben Stelle wieder durchschneiden.
- Knoten Sie das Ende dieser 20 abgeschnittenen Fäden an der Seite der Walze. Schieben Sie diesen Knoten in die aufgerollten Kettfäden hinein, damit er Sie nicht beim Aufbäumen der nächsten Fäden stört.

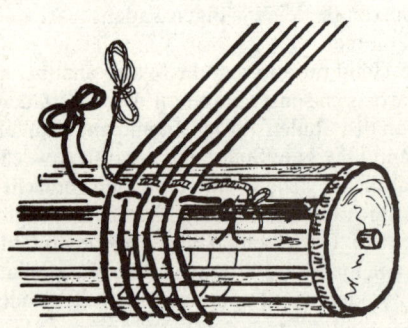

Abb. 64

Ende des Kettbäumens
- Bäumen Sie wieder wie am Anfang 20 Fäden auf. Bilden Sie Ihr Fadenkreuz. Achten Sie darauf, daß Sie als ersten Kreuzfaden den dunkleren zum Einflechten in die Kette nehmen.
  Achtung: Die beiden Kreuzfäden dürfen sich niemals kreuzen.
- Wenn Sie Ihre 6 Fadenbündel zu je 20 Fäden aufgewickelt haben, sind Sie mit dem Bäumen der Kette fertig.
  Anmerkung: Es ist ratsam, die Kreuzfäden während des Aufrollens der Kette »einzuklemmen«. Der dunkle Faden wird in die Kette nach oben und der helle Faden wird in die Kette nach unten eingeschoben.
- Knoten Sie Ihre beiden Kreuzfäden am linken Webstuhlständer fest.

– Lösen Sie die Knoten der Kreuzfäden am rechten Ende des Einlegestabes und knüpfen Sie die Fäden am rechten Webstuhlständer fest.
– Kämmen Sie Ihre Kettfäden (mit den Fingern) durch, damit sie nicht an den Kreuzfäden haften.

Aufbringen der Kette auf den anderen Querbaum
– Wenn Sie die Kette auf den unteren Baum gewickelt haben, knoten Sie Ihre Fäden in Vierergruppen um den Einlegestab des oberen Baumes. Natürlich müssen Sie vorher die Knoten der Fadenbündel lösen. (Machen Sie immer einen Knoten nach dem anderen auf und achten Sie darauf, daß das Fadenkreuz nicht herausrutscht. Schieben Sie das Fadenkreuz eventuell zurück). Der obere Einlegestab kann so tief wie möglich heruntergezogen werden. Der obere und der untere Querbaum bleiben blockiert.
– Knoten Sie alle Fäden um den Einlegestab (um den unteren Stab, wenn Sie die Kette auf die obere Walze gebäumt haben). Damit Sie eine gute Kettspannung bekommen und sich der Einlegestab nicht schief legt, sollten Sie Ihre Kette wie folgt am Einlegestab befestigen: 4 Fäden rechts, 4 Fäden links, 4 Fäden in der Mitte, dann 4 Fäden rechts von der Mitte, 4 Fäden links von der Mitte, 4 Fäden ganz rechts, 4 Fäden ganz links usw.
– Wenn Sie auf die untere Walze gebäumt haben, drehen Sie den oberen Querbaum, damit sich die Kette darauf aufwickeln kann.
– Bereiten Sie Ihre Fächer vor (Kreuzstab und Litzen, Seite 63).

Das Anweben
– Wie wir es bereits erklärt haben, dient das Anweben zum Einbinden der Kette und des Schusses. Während des Anwebens können Sie auch noch die Kettspannungen berichtigen, falls sich das Gewebe aufbauscht oder einzieht (siehe Abb. 20).

Das Weben
– Wir werden zuerst den Liegestuhlbezug aus Teppichwolle in Ghiordesknoten weben, weil es die breiteste Webware ist.

Materialbedarf
Teppichwolle in den Farben Ihrer Wahl. Wenn die Wolle dünn ist, nehmen Sie mehrere Faserstränge für einen Knoten, ist die Wolle sehr dick genügt ein Faserstrang für einen Knoten.

Das Gewicht der Wolle bleibt dabei aber ungefähr gleich: Je nach Länge der Wollfäden braucht man zwischen 5 und 6 kg für einen Bezug in der Größe von 0,60 x 1 m.

Sie brauchen auch noch 1 kg normale Wolle für den Grundstoff des Liegestuhlbezuges. Da dieser Grundstoff nicht sichtbar wird, können Sie für ihn alle Ihre Wollfadenreste benutzen (oder Vorgespinstgarn, wenn es schneller gehen soll).

Schneiden Sie Ihre Wolle zu 10 oder 12 cm langen Stücken (12 cm gibt Ihnen eine Florhöhe von etwa 5 cm und 10 cm ungefähr 4 cm).

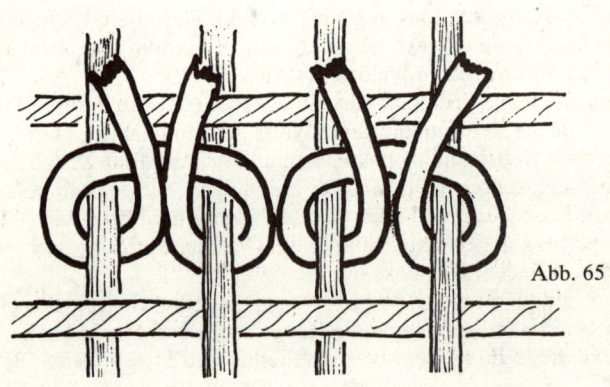

Abb. 65

Weben Sie:

Den Anfang Ihres Teppichs: nach dem obligaten Anweben von 6 oder 7 cm mit Baumwolle, weben Sie 5 cm »Grund« in Leinwandbindung.

– Schlagen Sie sehr fest an. Die Kette darf nicht sichtbar sein, wenn Sie einen haltbaren Teppich bekommen wollen.

– Führen Sie 1 oder 2 Knotenreihen aus (Abb. 65).

Weben Sie wieder Grund. Damit dieses Teppichgrundgewebe nicht zu sehen ist, darf es nur halb so lang wie die Höhe der Florfäden gewebt werden. Haben Sie zum Beispiel eine Florhöhe von 5 cm (fertig) ausgewählt, müssen Sie für den Grund ungefähr 2 1/2 cm weben.

Muster:

Wenn Sie ein Muster durch verschiedenfarbige Florfäden erzielen wollen, zeichnen Sie zuerst Ihren Entwurf in richtiger Größe auf ein Stück Papier. Malen Sie Ihren Entwurf bunt aus und verändern Sie ihn solange, bis er zu Ihrer Zufriedenheit ausfällt.

Bringen Sie Ihr Muster hinter der Kette an. Markieren Sie auf der gesamten Länge der Kette mit Hilfe eines Filzstiftes die Stellen, an denen der Farbwechsel erfolgen soll.

Jetzt brauchen Sie nur noch den Faden in der gewünschten Farbe auf der vorgezeichneten Stelle zu knüpfen (ohne sich um den Grund zu kümmern, der neutral bleibt und nicht auf der Oberfläche zu sehen ist).

Abschlußarbeiten

– Schließen Sie entweder die Teppichenden mit Fransen ab oder nähen Sie einen Saum, den man auf der Teppichoberfläche nicht sehen kann.

 Sie haben jetzt die Möglichkeit, den Teppich auf dem Webstuhl zu lassen und sofort, nachdem Sie die Kettfäden um 10 cm weitergedreht haben, mit der Babyschaukel und dem Kissen zu beginnen. Wenn Sie aber – was beim ersten gewebten Teppich durchaus verständlich ist – den Teppich abnehmen wollen, tragen Sie 20 cm hinter dem Teppichende 10 Schüsse mit Baumwolle ein. Durch diesen Gewebestreifen bleiben die Kettfäden am Platz, wenn Sie sie zwischen Teppich und diesen 10 Einschüssen durchschneiden. Sie erleichtern sich auch damit das Wiederanknüpfen Ihrer Kette am Einlegestab.

– Nageln Sie Ihren Teppich auf die Querleisten des Liegestuhls – oder nähen Sie ihn auf den Leinenbezug, wenn er fest genug ist.

Herstellung der Babyschaukel

Webbrief

Materialbedarf:
– Für den Schuß 500 g gezwirnte Teppichwolle in mehreren Farben
  Ihrer Wahl – 10 Holz- oder Metallringe – 2 kleine Rundholzstäbe
  mit Kugeln an den Stabenden.
  Bereiten Sie aus jeweils drei Teppichwollgarnen 5 sehr fest gefloch-
  tene Schnüre von 1,70 m Fertiglänge.
Schuß: Leinwandbindung auf 25 cm Breite und 1 m Länge.
Neuerung: Einweben von geflochtenen Schnüren mit Holzringen.

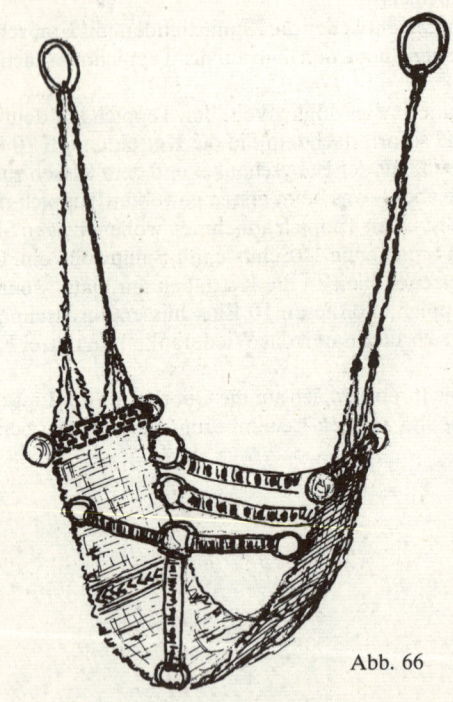

Abb. 66

Weben
- Folgen Sie dem nachstehenden Webmuster.
  Lassen Sie 50 cm Kette für die Aufhängung der Schaukel stehen.
  Weben Sie nur auf einer Breite von 25 cm. Die anderen 35 cm verwenden wir für die Herstellung des Kissens.
- Weben Sie zuerst 4 cm in Leinwandbindung mit Teppichwolle in den Farben Ihrer Wahl.
- Geben Sie einen Holzstab wie einen Schuß durch.
- Weben Sie 5 cm in Leinwandbindung.
- Tragen Sie Ihre erste geflochtene Schnur von links beginnend ein. Einmal hin – einmal zurück. Schieben Sie auf Ihre Schnur, bevor Sie sie ein drittes Mal durchgeben, einen Holzring. Tragen Sie noch einen vierten Schuß aus Schnur ein.

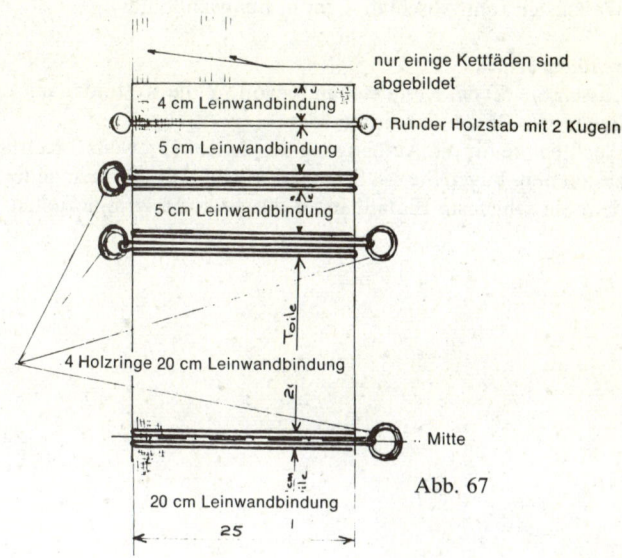

nur einige Kettfäden sind abgebildet

4 cm Leinwandbindung — Runder Holzstab mit 2 Kugeln

5 cm Leinwandbindung

5 cm Leinwandbindung

4 Holzringe 20 cm Leinwandbindung

Mitte

Abb. 67

20 cm Leinwandbindung

25

- Weben Sie 5 cm mit Teppichwolle.
- Tragen Sie die zweite geflochtene Schnur ein – einmal von rechts nach links, dann von links nach rechts. Schieben Sie den Holzring auf der rechten Seite auf die Schnur.
- Tragen Sie die Schnur wieder von rechts nach links ein, schieben Sie einen Holzring ein und kehren Sie nach rechts zurück. Legen Sie die Schnur noch ein letztes Mal nach links ein.
- Weben Sie 20 cm und tragen Sie wieder eine Schnur ein. Schieben Sie aber diesmal zwischen zwei eingetragenen Schnüren nur einen Holzring auf der rechten Seite ein. Sie sind jetzt in der Mitte der Webarbeit.
- Weben Sie noch einmal 20 cm sehr fest und geben Sie Ihre fünfte geflochtene Schnur mit einem Ring auf der linken Seite durch.
- Weben Sie 5 cm mit dem Teppichwollgarn – führen Sie einen runden Holzstab ein.
- Weben Sie zum Abschluß 4 cm in Leinwandbindung.

Abschlußarbeiten
- Lassen Sie 50 cm Kette stehen, bevor Sie die Kettfäden auf einer Breite von 25 cm durchschneiden.
- Flechten Sie für die Aufhängung der Schaukel jeweils 3 Kettfäden zusammen. Fügen Sie die Schaukel wie in Abb. 66 aneinander, indem Sie sehr feste Einfaßbänder durch die Holzringe ziehen.

Herstellung des Kissens in Schlingentechnik

Jetzt müssen wir nur noch das Schlingenkissen aus Teppichwolle auf der restlichen Kette von 35 cm Breite herstellen. Es wird in derselben Farbzusammenstellung wie Ihr Liegestuhlbezug ausgeführt.

– Rollen Sie zuerst Ihre 35 cm breite Kette auf den oberen Querbaum. Bereiten Sie sie für das Weben vor: Spannung, Anweben...
– Weben Sie zuerst 6 cm mit einem Baumwollschußgarn. Diese 6 cm dienen als Kissennaht.
– Weben Sie dann für die Kissenrückseite 50 cm mit Teppichwolle. Stellen Sie die Farben nach Ihrem Geschmack zusammen oder verwenden Sie die Ihnen zur Verfügung stehenden Wollreste.
– Beginnen Sie die zweite Hälfte des Kissens, in Schlingentechnik auszuführen (Abb. 69). Diese Schlingen können sehr leicht mit Hilfe einer Häkelnadel oder eines Stabreglers hergestellt werden (Abb. 68), da zur Bildung einer Schlinge nur der Schußfaden herausgezogen zu werden braucht.

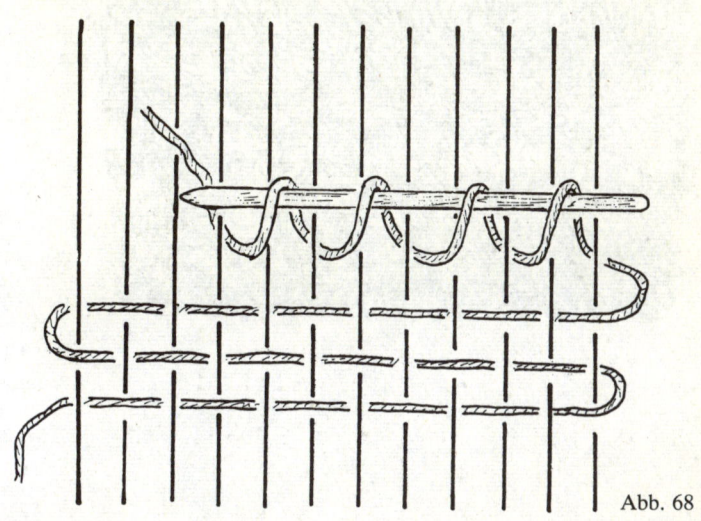

Abb. 68

- Weben Sie einen Schuß in Schlingentechnik und einen normalen Schuß. Wie lang Sie die Schlinge wählen, hängt ganz von Ihrem Geschmack ab. Weil aber seltsamerweise gerade die langen Schlingen haltbarer sind, ist es ratsam, die Schlingen zumindest 2 cm lang zu lassen.
Wichtige Empfehlung: Schlagen Sie sehr fest an.

Abschlußarbeiten:
- Weben Sie 6 cm mit einem Baumwollgarn.
- Heften Sie drei Seiten ab und nähen Sie sie.
- Füllen Sie ein zweites Kissen, das um eine Spur kleiner ist als das Schlingenkissen und schieben Sie es in das Schlingenkissen hinein. Nähen Sie die vierte Seite zu.

Abb. 69

Herstellung einer Tragetasche für Holzscheite in Gobbelintechnik auf einem Hautelissestuhl

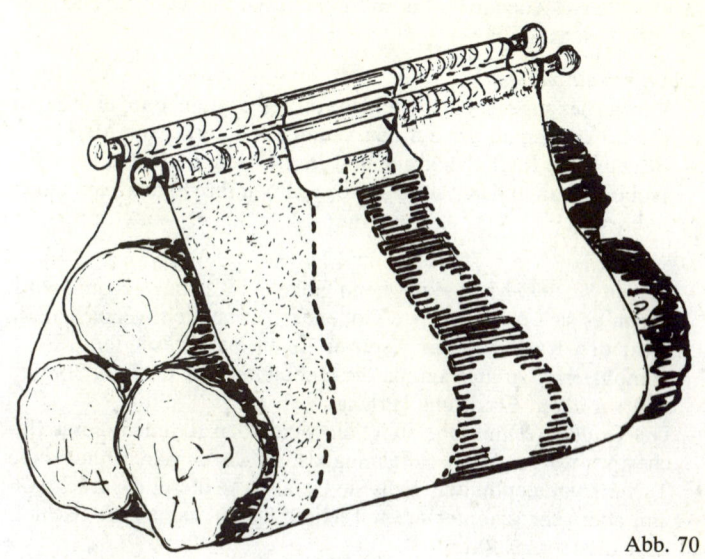

Abb. 70

Der Hautelissestuhl ist in Abbildung 60 dargestellt.

Webbrief des Werkstückes

Materialbedarf:
– Baumwollkettgarn, Titer 1.800m/kg, ungefähr 300 g.
– Schußgarn aus Teppichwolle in 3 Farben: dunkelkastanienbraun –
  fuchsrot – rohweiß. Von jeder Farbe ungefähr 150 g. Zwei runde
  70 cm lange Stäbe für die Griffe.
Bindung: Gobelintechnik (sehr feste Leinwandbindung, Kette ist ab-
gedeckt).
Kette: 100 Fäden von 180 cm Länge auf eine Breite von 50 cm ge-
spreizt (2 Fäden auf den cm); Längenschwund und nicht verwebbare
Teile inbegriffen.

Schuß: Weben auf einer Länge von 136 cm und einer Breite von 50 cm gemäß der Mustervorzeichnung in Abbildung 71.

Technische Neuerung: Die Gobelintechnik, d. h. das Arbeiten mit 3 oder 4 verschiedenen Farben in einer einzigen Schußreihe. Das Prinzip des Taschengriffs.

Die Kette aufbäumen
— Wie vorher angegeben 100 Fäden von 180 cm Länge auf eine Breite von 50 cm gemäß der auf den Seiten 83–85 erklärten Methode.
— Bereiten Sie Ihr Fadenkreuz und Ihre Litzen vor, siehe Seite 63.
— Weben Sie an und berichtigen Sie eventuell Ihre Fadenspannungen (Abb. 20).

Das Weben
— Folgen Sie dem Muster, das beim Gobelin »Karton« genannt wird. Wenn es sich um Ihre erste Gobelinarbeit handelt, versuchen Sie nicht den Karton, selbst wenn er Ihnen nicht besonders zusagt, komplizierter zu machen, da die Gobelintechnik Geduld, Sorgfalt und vor allem Erfahrung verlangt.
— Die Gobelintechnik übersteigt ein wenig den Rahmen dieses Buches; wir waren aber der Meinung, daß es schade wäre, Ihnen diese Technik vorzuenthalten. Falls Sie Gefallen an dieser anspruchsvollen, aber sehr schöpferischen Technik finden, ziehen Sie Sachbücher darüber zu Rate.
— Bevor Sie mit dem Weben beginnen, bringen Sie wie in Abbildung 15 erklärt, eine Einteilungsschnur für die Kette an. Tragen Sie zum Einbinden der Kette einige einfarbige Baumwollschüsse mit zwei Weberschiffchen ein. Richten Sie sich nach den Umrissen, die Sie auf die Kette gemalt haben. (Kolorieren Sie die Fäden bei den Punkten A. B. C. und D, damit Sie den Teil der Kette kennzeichnen, der wegen der Taschengriffe nicht gewebt wird.)
— Weben Sie dann 20 cm in Fuchsrot rechts von der Linie B. C. und 20 cm in Rohweiß links von der Linie A. D. Schlagen Sie den Schuß mit Hilfe eines Schußschlegels sehr fest an. Der Schuß soll die Kette vollständig decken. Bis hierher: keine Probleme. Von jetzt an muß aber gleichzeitig mit drei verschiedenen Farben in einer Schußreihe gewebt werden.
— Zeichnen Sie für die verschiedenen Farbflächen zuerst die schrägen Linien C. F. und D. E. auf die Kette.
— Bereiten Sie 3 Gobelinspulen oder 3 Puschel in verschiedenen Farben vor.

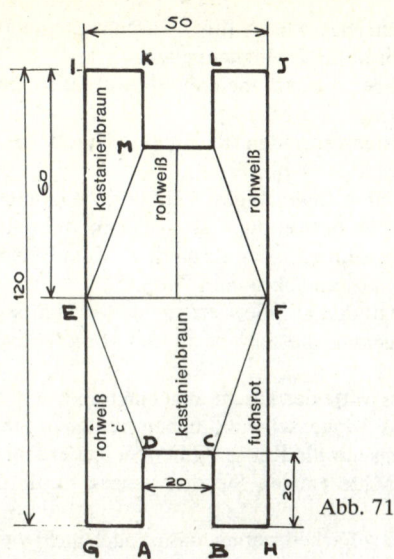

Abb. 71

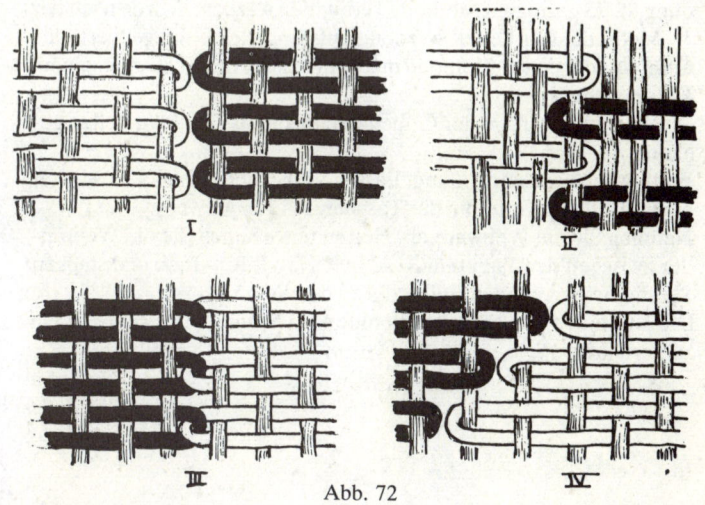

Abb. 72

97

Wir zeigen Ihnen jetzt, wie Sie Ihre 3 Farben miteinander verbinden können. Es gibt dafür 2 Möglichkeiten:

1. Die Schußfäden stoßen aneinander, verbinden sich aber nicht (Abb. 72/73).
2. Die Schußfäden verbinden sich miteinander, bevor Sie um einen Kettfaden wenden (Abb. 72/73).

Achtung: Um ein gleichmäßiges Webbild zu bekommen, ist es bei der 2. Möglichkeit notwendig, daß sich immer die gleichen Fäden durch Einhängen miteinander verbinden. (Zum Beispiel: Der roh-weiße mit dem kastanienbraunen Faden.)

Folgen Sie genau den auf die Kette gemalten Umrissen, damit Sie immer mustergemäß die Farben an den vorgesehenen Kettfäden wechseln.

— Wenn Sie in der Mitte der Tasche angelangt sind, d. h. ein Webstück von 68 cm plus Längenschwund haben, zeichnen Sie den zweiten Teil des Kartons auf die Kette. Ziehen Sie außerdem einen dicken Strich in die Mitte (malen Sie den ganzen mittleren Kettfaden an).

— Wir werden mit 4 Farben weben; das ist auch nicht viel komplizierter als mit 3. Die Umkehrlinie in der Mitte zwischen den beiden Musterflächen ist aber diesmal nicht diagonal, sondern gerade. Damit diese Linie senkrecht bleibt, müssen die Fäden nach der in Abbildung 72/73 gezeigten Methode verbunden werden. Würde nach der 1. Methode gearbeitet werden, entstünde eine lange vertikale Öffnung (mit dieser Methode macht man z. B. den Schlitz bei einem Halsausschnitt).

Dieser Schlitz wird in der Gobelintechnik eine »Umkehrstelle« genannt.

— Fertigweben wie am Anfang. Lassen Sie wieder gemäß dem Muster einen Teil der Kette für die Taschengriffe unverwebt.

— Nehmen Sie die Webware ab. Heften und säumen Sie die Webränder zwischen den Punkten G. A. – B. H. – I. K. – L. J. und stecken Sie die beiden runden Stäbe durch den Saum.

Die Kettfäden zwischen den Punkten M. N. und D. C. sind einzeln zu vernähen.

Herstellung eines Ponchos auf einem vierschäftigen Basselissestuhl. Tischwebstuhl mit manuell zu bedienenden Schäften

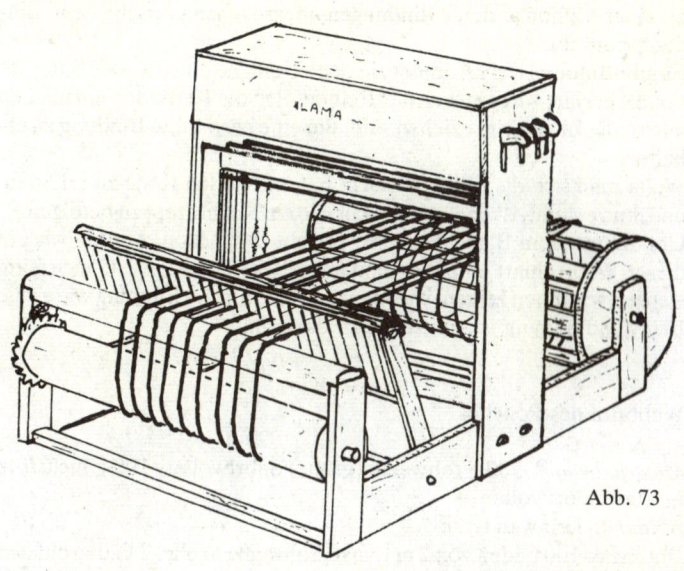

Abb. 73

Dieser Webstuhl ist dem Hautelissestuhl ähnlich, der auf Seite 82 beschrieben ist. Er hat aber eine waagerecht aufgespannte Kette; deshalb wird er Basselissestuhl genannt.

Durch die waagerechte Position der Kette ist es wie beim afrikanischen Webgerät einfach, zum selektiven Anheben der Fäden Schäfte zu benutzen (Abb. 29).

Dieser Stuhl wird vollkommener, wenn man ihn mit einer Blattlade ausstattet. Diese Lade ersetzt den Schußschlegel zum Anschlagen des Schusses und die Einteilungsschnur für den gleichmäßigen Kettabstand.

Obwohl dieser Webstuhl ein Tischgerät ist, dessen Schäfte von Hand bedient werden, handelt es sich bereits um ein sehr zeitgemäßes Gerät, das den Handwebstühlen der Berufsweber sehr nahekommt. Durch das selektive Anheben der Kettfäden mit 4 Schäften ist es andererseits möglich, von der Leinwandbindung, die mit Hilfe des Kreuzstabes und der Litzenstange erzielt werden konnte, zu einem Potential von mehr als einer Million anderer Bindungen überzugehen (verschiedene Bindungspunkte).

Es gibt Bindungsverzeichnisse, in denen anhand eines Kodes (international) erklärt wird, in welcher Reihenfolge die Kettfäden anzuheben und in die Litzen einzuziehen sind, um eine bestimmte Bindung zu erhalten.

Wenn man sich die Mühe gemacht hat, um diesen Kode zu erlernen, und ihn versteht, ist er ebenso leicht wie ein Kochrezept zu befolgen.

Um Sie mit dem Basselissestuhl vertraut zu machen, werden wir auf dieser Webstuhlart einen Poncho mit 2 Schäften weben. Gleichzeitig werden wir Ihnen zeigen, wie man eine so einfache Bindung wie es die Leinwandbindung ist, zeichnerisch darstellt.

Webbrief des Ponchos

Materialbedarf: 500 g rohweiße (grobe) Sportwolle – 100 g fuchsrote (grobe) Sportwolle.
Bindung: Leinwand
Die Kette: 100 Fäden von 2 m Länge, rohweiße Wolle, 2 Fäden auf den cm, auf 50 cm Breite geschert.
Verwendeter Webkamm: Kamm 20/10 (20 Fäden auf 10 cm).
Schuß: Weben von 2 Rechtecken, 50 cm breit und 80 cm lang (plus Längenschwund von 6 cm) und von Schußfransen auf einer Seite.
Schußdichte: 2 1/2 Fäden auf den cm, Schuß daher sehr weich anschlagen.

Technische Neuerung:
– Schußfransen
– Um keine Fransen an die Webkanten ansetzen zu müssen, werden wir Fransen während des Schußeintrags bilden.
  Dazu muß der Schuß in einer langen Schlinge über die Endleisten geführt werden. Damit diese Schlingen gleichmäßig werden und man sie nicht immer nachmessen muß, werden zusätzlich 2 oder 4

Kettfäden 15 oder 20 cm – je nach gewünschter Fransenlänge –
nach dem letzten Kettfaden aufgezogen.
Natürlich müssen diese Kettfäden genauso wie für eine Webarbeit
durch die Litzen gezogen werden.

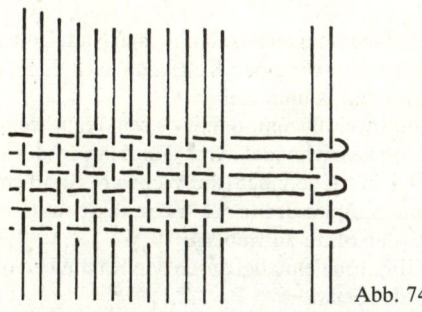

Abb. 74

Die Kette bäumen

– Die Kette wird auf dem Basselissestuhl genauso wie auf dem Hautelissestuhl (siehe Seite 83/84) aufgebracht. Ziehen Sie, wenn die
  Kette fertiggebäumt ist, die Knoten der Fadenbündel (20 Fäden),
  die Sie in die aufgerollte Kette hineingesteckt haben, wieder heraus.
  Lösen Sie die Knoten der um den Einlegestab des Kettbaums fest-
  gebundenen Kreuzfäden. Die Kettfäden brauchen hier nicht auf
  den Warenbaum aufgewickelt zu werden.
– Knoten Sie Ihre Kreuzfäden an die beiden Ständer rechts und links
  vom Webstuhl.
– Stellen Sie sich vor den Warenbaum, bevor Sie die Fadenbündel der
  Kette zu sich ziehen. Machen Sie aber nicht die Fadenknoten auf,
  die das Fadenkreuz halten.
– Öffnen Sie die Sperrklinke am Kettbaum, damit sich diese Walze
  ungehindert drehen kann. Ziehen Sie die Kettfäden über den Webkamm bis zum Einlegestab nach vorn.
– Rasten Sie die Sperrklinke am Kettbaum wieder ein.
– Nehmen Sie den Knoten, der sich am Ende jedes Fadenbündels
  befindet, in die Hand und schütteln Sie die Kette gut durch. Die Fäden sollen frei zwischen den Kreuzfäden – 1 Faden oben, 1 Faden
  unten – bereit zum Verweben liegen.
– Lösen Sie den Knoten des Fadenbündels erst unmittelbar bevor Sie
  die Fäden einziehen.

Das Einziehen der Kettfäden in die Litzen
– Wir werden nur 2 Schäfte verwenden.
  Schieben Sie alle Litzen nach links.
  Wir werden unsere Fäden von rechts nach links einziehen.
– Machen Sie ein Merkzeichen auf die zwei Schäfte, die Sie benutzen.
– Mit Hilfe einer sehr langen häkelähnlichen Nadel, die man Einziehnadel nennt, werden wir einen Kettfaden nach dem anderen durch die Litzen und den Kamm ziehen.
– Verkeilen Sie Ihren Kamm, damit er senkrecht stehen bleibt.
– Führen Sie Ihre Einziehnadel durch den Zahn des Kammes, der sich 25 cm von der Mitte befindet (die Webware ist 50 cm breit; selbst wenn nicht die gesamte Breite des Webstuhls benutzt wird, ist es angenehmer in der Mitte zu weben).
– Stechen Sie Ihre Einziehnadel durch den Kamm und durch die erste Litze rechts des Schaftes.
– Lösen Sie den Knoten Ihrer ersten 20 Fäden und legen Sie den ersten Faden, der sich aber mit keinem anderen kreuzen soll, in den Haken der Einziehnadel.
– Ziehen Sie den Faden durch die Litze und den Zahn des Kammes.
– Stechen Sie Ihre Einziehnadel durch den zweiten Zahn des Kammes und durch die erste Litze des Schaftes Nr. 2. Legen Sie den zweiten Faden in den Haken der Einziehnadel und ziehen Sie ihn durch Litze und Kamm.

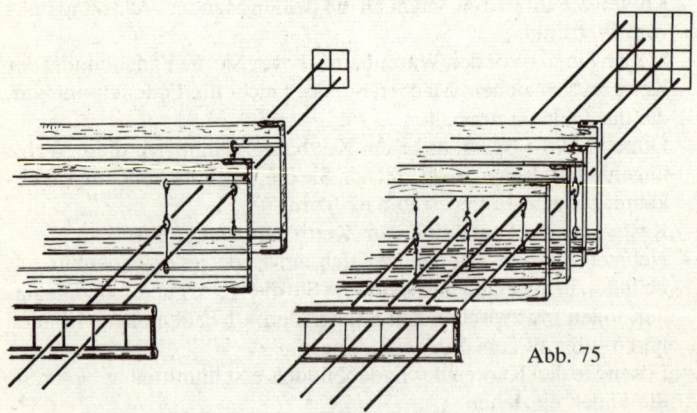

Abb. 75

- Ziehen Sie in dieser Art Ihre 100 Fäden ein. Prüfen Sie oft, ob der Einzug in Ordnung ist.
- Befestigen Sie Ihre Fäden mit dem in Abb. 63 gezeigten Knoten am Einlegestab des Warenbaumes.
- Weben Sie 2 cm an, um Ihre Fadenspannungen zu überprüfen. Weben Sie 70 cm mit rohweißer Wolle in Leinwandbindung.
- Bilden Sie einen 5 cm breiten fuchsroten Farbstreifen. Weben Sie mit einem rohweißen Schuß weiter, bis Sie sich 86 cm vom Webbeginn befinden.
  Vergessen Sie nicht während des Webens, auf Ihre Schußfransen zu achten.
- Lassen Sie zwischen erstem und zweitem Webstück 30 cm Kette für die Fransen unverwebt.
- Weben Sie das zweite Stück genauso wie das erste. Verändern Sie aber die Stelle des fuchsroten Farbstreifens.

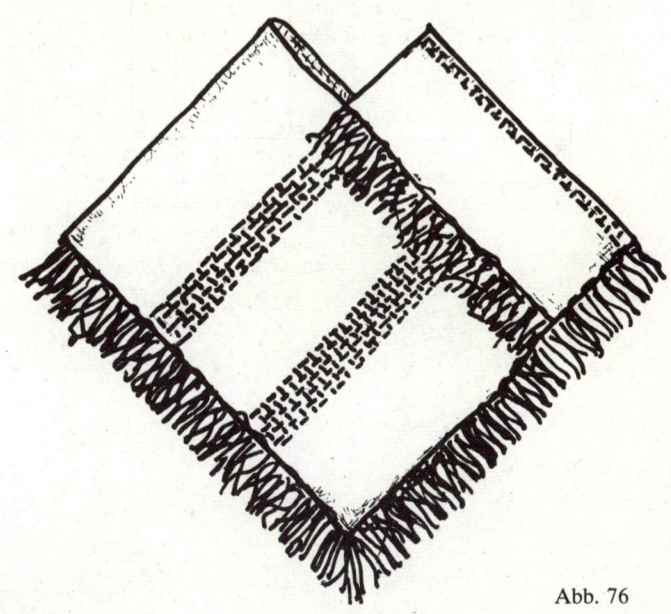

Abb. 76

Abschlußarbeiten
- Schneiden Sie die Kette am Kettbaum dicht beim Einlegestab ab.
- Lösen Sie die Knoten der Kettfäden am Einlegestab des Warenbaums. Diese zusammengeknüpften Fäden werden als Fransen verwendet.
- Heften Sie alle Fransen.
- Nähen Sie den Poncho gemäß dem Plan zusammen. Sie brauchen nur 2 Nähte, rechts auf rechts liegend, mit einem Steppstich auszuführen (die Fransen decken die Nahtlinien).

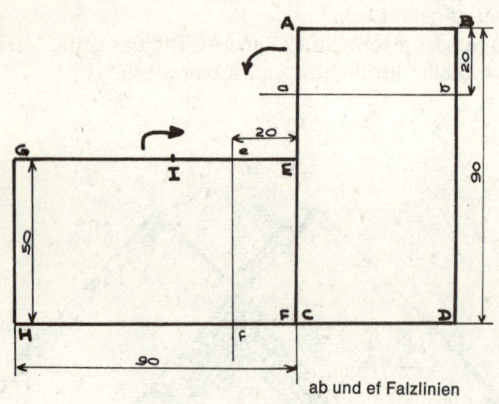

ab und ef Falzlinien

AB mit GI zusammennähen

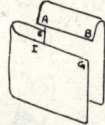

Abb. 77

Jetzt zeigen wir Ihnen wie ein Weber im internationalen Kode diese auf zwei Schäften hergestellte Leinwandbindung darstellen würde.

– Sehen Sie sich das Resultat an; es gibt ein gutes Abbild der Leinwandbindung wieder.

– Diese Abbildung 78 nennt man als Ganzes ein Webschema.

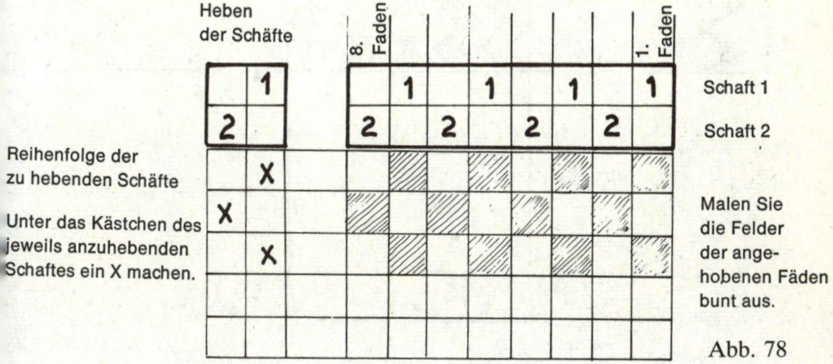

Abb. 78

Herstellung einer Tunika mit Einsatzstück auf einem vierschäftigen Tischwebstuhl

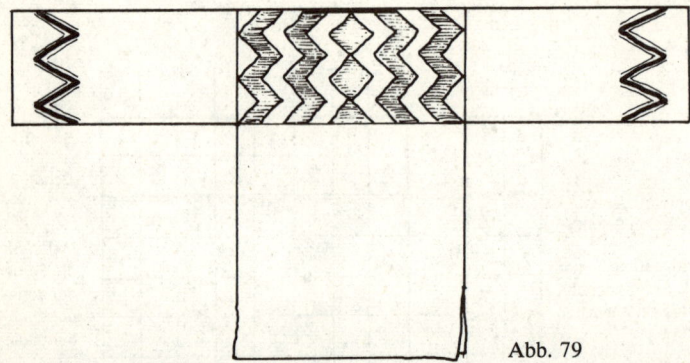

Abb. 79

Der Webstuhl ist auf Abbildung 73 dargestellt. Wir werden für diese Webarbeit 4 Schäfte benutzen und die Ärmelenden und das Einsatzstück unserer Tunika mit einem zweibindigen Köper (Abb. 38–39) verzieren.
Wir werden die anzuhebenden Fäden für die Köperbindung nicht mehr mühsam mit den Händen heraussuchen, sondern das selektive Anheben der Kettfäden den 4 Schäften überlassen.

Webbrief der Tunika

Materialbedarf:
– 800 g nicht zu grobe, helle, rustikale Wolle und 100 g dunkle Wolle für den Zierköper.

Die Kette
– 100 Fäden zu je 4 Meter auf eine Breite von 50 cm (2 Fäden auf den cm) gebäumt. Webkamm 20/10.
Reihenfolge des Schafteinzugs (in die Schaftlitzen).
1. Faden in den letzten Schaft Nr. 1
2. Faden in den darauffolgenden Schaft Nr. 2
3. Faden in den darauffolgenden Schaft Nr. 3
4. Faden in den darauffolgenden Schaft Nr. 4
5. Faden in den Schaft Nr. 1
6. Faden in den Schaft Nr. 2, usw.
Einfacher wäre es gewesen, zu notieren:

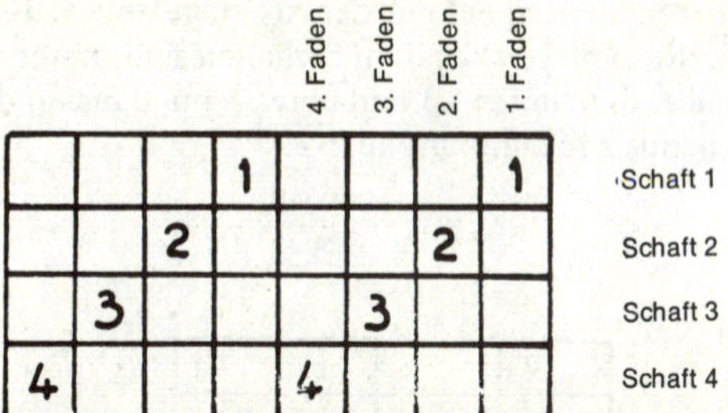

Abb. 80

Der Schuß:
– aus rustikaler, heller Wolle. Bindung Leinwand: es wird ein von zwei Fäden angehoben, d. h. es werden gleichzeitig alle in den Schäften Nr. 1 und 3 eingezogenen Fäden angehoben.
Für den zweiten Schußdurchgang werden dann alle in den Schäften Nr. 2 und 4 eingezogenen Fäden angehoben.
Viel schneller wäre es gegangen, sich des Kodes zu bedienen, d. h. die zu hebenden Schäfte links der numerierten Schäfte in 2 Reihen, da es zwei Lösungen gibt, einzutragen: 1 und 3, dann 2 und 4 zusammen heben.

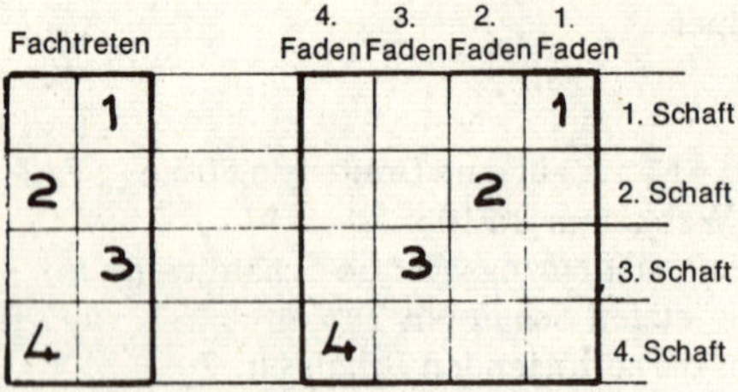

Fachtreten   4. 3. 2. 1.
Faden Faden Faden Faden

1. Schaft
2. Schaft
3. Schaft
4. Schaft

Abb. 81

Wenn wir so weit sind, überprüfen wir das Resultat wie auf Abbildung 78. Wir notieren die Reihenfolge der zu hebenden Schäfte (und somit aller Fäden, die in diesen Schäften enthalten sind) unter der entsprechenden Reihe, d. h. unter 1/3 und unter 2/4 und malen die Kästchen der anzuhebenden Fäden bunt aus.

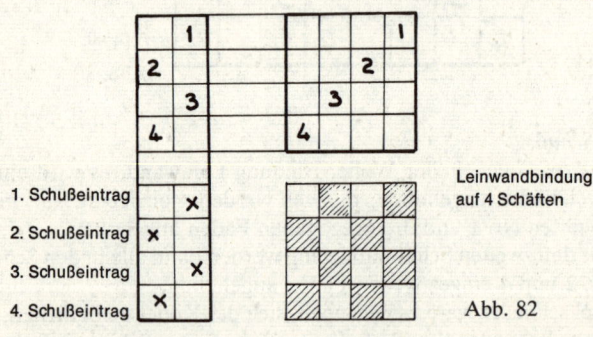

1. Schußeintrag
2. Schußeintrag
3. Schußeintrag
4. Schußeintrag

Leinwandbindung
auf 4 Schäften

Abb. 82

108

Untenstehend geben wir Ihnen sogleich das Webschema mit den kodifizierten Anleitungen für den Köper, den wir zur Verzierung der Tunika ausführen werden.

Das bedeutet, daß Sie folgende Schäfte zur Bildung Ihrer Fächer beim Weben zu heben haben: zuerst die Schäfte 1 und 2, dann die Schäfte 2 und 3, dann die Schäfte 3 und 4, dann die Schäfte 1 und 4, dann die Schäfte 3 und 4, dann die Schäfte 2 und 3, dann die Schäfte 1 und 2, dann die Schäfte 1 und 4, usw.

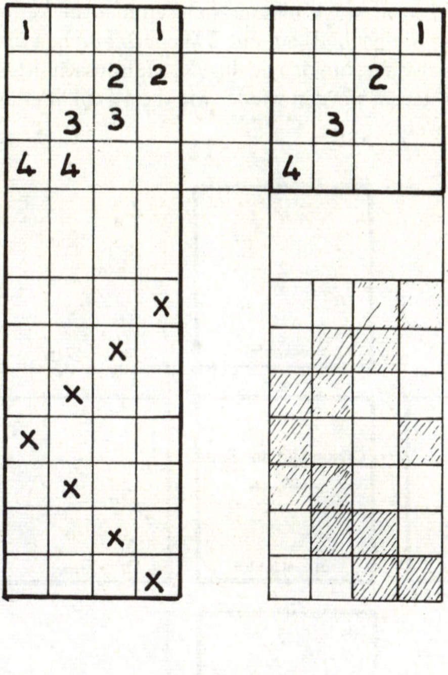

Abb. 83

Jetzt kennen Sie den Kode und sind in der Lage, Bücher und Bindungen zu lesen und Ihre Muster auszusuchen.

Kehren wir zum Weben unserer Tunika zurück.

– Eine Kette von 4 Meter Länge auf eine Breite von 50 cm (2 Fäden auf den cm) aufbäumen.
– Weben Sie Vorder- und Rückenteil der Tunika gleich, d. h. zuerst 10 cm in Leinwandbindung, dann mit dunklem Schuß (8 Einschüsse) in Köperbindung.
– Weben Sie wieder hell in Leinwandbindung, bis Sie einschließlich Längenschwund insgesamt 50 cm haben.
– Weben Sie die 2 Ärmel.
– Lassen Sie 20 cm Kette zwischen jedem Ärmel stehen.
– Weben Sie das Einsatzstück, einmal hell, einmal dunkel, ganz in Köper. Arbeiten Sie nach 10 cm mit 2 Weberschiffchen über eine Länge von 30 cm weiter, um den Schlitz des Halsausschnittes zu bilden. Die letzten 10 cm werden wieder wie die 10 cm am Anfang in einem Stück gewebt.

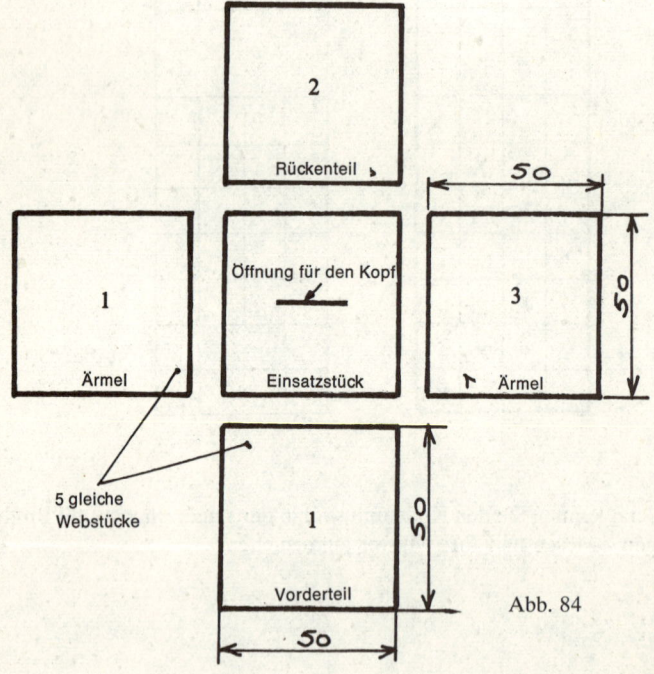

Abb. 84

– Geben Sie beim Zusammennähen der Tunika acht, daß das Einsatzstück so gelegt wird, damit der Schlitz am Halsausschnitt quer
kommt.

Abschlußarbeiten
– Nehmen Sie die Webteile ab, heften Sie jedes Stück.
– Bevor Sie die Ärmel am Einsatzstück annähen, schneiden Sie die
Fäden bei den Ärmellöchern ab.
– Schneiden Sie die Fäden am Vorder- und Rückenteil ab, bevor Sie
sie am Einsatzstück annähen. Entscheiden Sie selbst, ob Sie den un-
teren Teil des Ponchos und der Ärmel mit Fransen abschließen wol-
len oder nicht. Wenn Sie keine Fransen möchten, säumen Sie die
Webkanten.
– Nähen Sie die Ärmel aneinander.
– Säumen Sie den Schlitz des Halsausschnittes.

Herstellung einer buntfarbigen Hängematte aus zahlreichen Bindungen auf einem vierschäftigen Trittwebstuhl

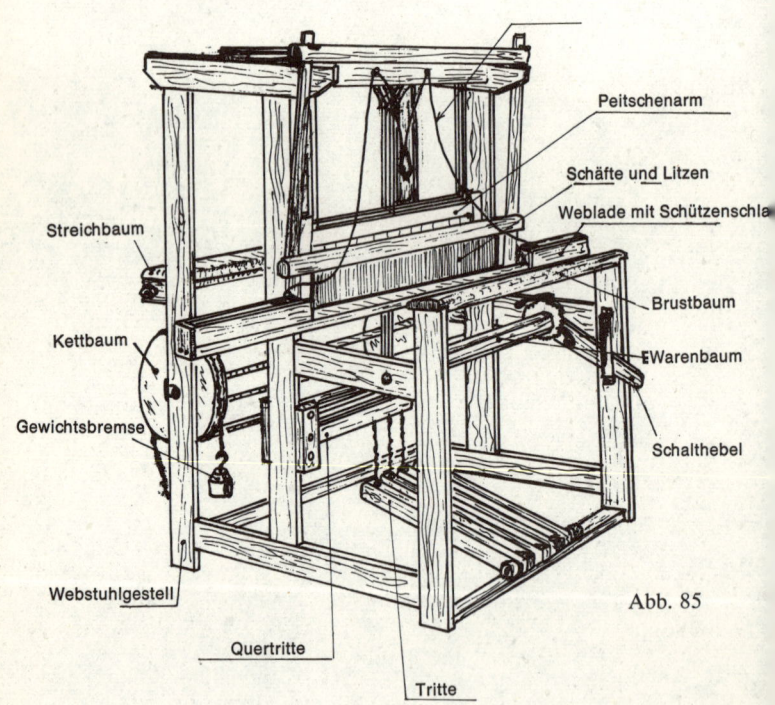

Handwebstuhl
4 Tritte, 4 Schäfte

Peitschenarm

Schäfte und Litzen

Weblade mit Schützenschla

Streichbaum

Brustbaum

Kettbaum

Warenbaum

Gewichtsbremse

Schalthebel

Webstuhlgestell

Quertritte

Tritte

Abb. 85

Der Webstuhl, den wir verwenden werden, ist dem vierschäftigen Tischwebstuhl sehr ähnlich: Die Schäfte werden aber jetzt mit den Füßen bedient.

Sie finden eine genaue Abbildung dieses Webstuhls (Abb. 85) und detaillierte Konstruktionsschemata, um ihn zu bauen (Seite 159/160).

Um Sie zu animieren, sich Ihrer 4 Schäfte zu bedienen, werden wir die Hängematte in zahlreichen Bindungen weben.

Wenn Sie die Fäden nicht in der gleichen Reihenfolge in die Schäfte einziehen, kann es Ihnen passieren, daß Sie im Laufe des Webens verschiedene Bindungsergebnisse erzielen, obwohl Sie immer die gleichen Schäfte heben.

Webbrief der Hängematte

Materialbedarf:
Schwarze merzerisierte Baumwolle und dreifädiges Wollgarn in den verschiedensten Farben. Man braucht 2 kg Baumwolle, Titer 1.800m/kg und 3 kg Wolle, Titer 2.000m/kg.

Kette: Fünf Meter schwarze Baumwolle auf 1,20 m oder auf 1 m mit 3 Fäden auf den cm spreizen – das sind 360 oder 300 Fäden.

Schuß: Die Tretfolge (Reihenfolge der zu hebenden Schäfte oder zu tretenden Tritte) werden wir angeben. Diese Folge ist aber nicht limitativ. Sie können die Reihenfolge der zu hebenden Schäfte verändern und einen neuen Tretfolgeplan ausdenken. Geben Sie aber acht, daß Ihr Gewebe keine empfindlichen Stellen bekommt, d. h. Stellen, an denen die Kettfäden über mehrere Schußreihen angehoben bleiben. Zum Beispiel: 1 und 2 gehoben, 1 und 3 gehoben, 1 und 4 gehoben. Der Faden Nr. 1 bleibt während 3 Schußdurchgängen gehoben. Er kann daher viel leichter wo hängenbleiben, als ein Faden, der nur während 2 Schußreihen nacheinander angehoben bleibt.

Überprüfen Sie alle Ihre verschiedenen Bindungsabschnitte und versuchen Sie, aufgrund der Reihenfolge des Fadeneinzugs zu verstehen, was sich abspielt.

Ihre Kette aufbringen
Ziehen Sie Ihre Fäden wie folgt in die Litzen ein:
In Abschnitten zu 20 Fäden, wenn Sie auf eine Breite von 100 cm gebäumt haben und in Abschnitten zu 24 Fäden, wenn Sie auf eine Breite von 120 cm gebäumt haben.

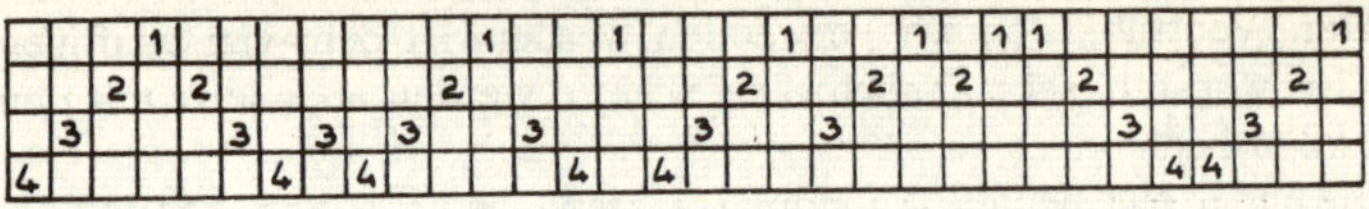

Abb. 86

Weben

- Lassen Sie 150 cm der Kette unverwebt. Aus diesen Fäden werden die Träger der Hängematte geflochten. Weben Sie dann 2,20 Meter in farbiger Wolle oder Baumwolle.
- Ändern Sie jedes Mal die Farbe, wenn Sie die Tretfolge wechseln. Das wird Ihnen helfen, auf den Tretfolgeplan besser acht zu geben. Diese Hängematte, die übrigens sehr schön wird, dient als Vorwand zu einer sehr wichtigen Übung, die Sie unbedingt machen sollten, wenn Sie wirklich am Weben interessiert sind.

Tretfolgeplan:
- 13.24   12.23.34.14   – 13.24   12.123.23.234.14
- 13.24   12.23.34.14.34.23.12.14 – 13.24   14.23   12.34,usw.

Bilden Sie Schußfransen (Abb. 74)

Fertigstellen

- Heften Sie fest.
- Flechten Sie jeweils 6 Kettfäden zu einem Zopf. Sie werden auf jeder Seite zwischen 50 und 60 Zöpfen haben.
- Knoten Sie diese Zöpfe 25 cm hinter der Webware in Gruppen zu 10 zusammen.
- Flechten Sie auch diese Fadengruppen, so daß Sie zum Schluß 5 oder 6 dicke Zöpfe haben. Schlingen Sie diese Zöpfe fest ineinander; Ihre Sicherheit hängt davon ab.

Herstellung eines Chenille-Teppichs auf einem vier-schäftigen Trittwebstuhl

Der Chenille-Teppich ähnelt einem geknüpften Teppich; er wird aber zur Gänze gewebt.
Dieser Teppich wird in 2 Arbeitsgängen hergestellt. Im ersten Arbeitsgang werden gefranste Bänder gewebt. Im zweiten Arbeitsgang, dem eigentlichen Weben des Teppichs, werden die gefransten Bänder als Schußmaterial verwendet.

Materialbedarf
Für die Kette braucht man bei einem mittelgroßen Teppich ungefähr 500 g gutes zweifaches Baumwoll- oder Leinengarn. Mit dem Titer der Kette und den Maßen des Teppichs können Sie selbst genau Ihren erforderlichen Kettgarnbedarf errechnen.
Für den Schuß verwendet man im allgemeinen – das ist der Zweck und macht den Reiz dieses Chenille-Teppichs aus – alle Wollfadenreste, die zu kurz sind, um sie sonst irgendwie zu verwenden.

Weben des gefransten Bandes
- Eine Kette aus Baumwolle oder Leinen mit 4 Fäden auf den cm scheren. Ziehen Sie 8 Fäden auf. Lassen Sie »eine blanke Stelle« von 6 cm. Ziehen Sie wieder 8 Fäden auf und lassen Sie erneut eine freie Stelle von 6 cm. Bringen Sie in dieser Weise Ihre Kettfäden auf. Ihre Kette kann entweder so lang wie Ihr Webgerät oder Ihr Webrahmen sein oder, wenn Sie einen Webstuhl benutzen, mehrere Meter Länge haben.
- Weben Sie in Leinwandbindung mit einem Schuß auf der gesamten Breite Ihres Webgeräts.
  Verwenden Sie alle Wollreste und mischen Sie nach Herzenslust Farben und Garnstärken. Sie brauchen auf die Farbzusammenstellung Ihrer Bänder keine Rücksicht zu nehmen, da man diese im zweiten Gewebe in ihrer ursprünglichen Form nicht mehr sieht.
- Ebenso brauchen Sie nicht Ihre Schüsse anzusetzen, vor allem dann nicht, wenn Sie sehr kurze Fadenstücke verwenden. Lassen Sie die Fadenenden einfach zwischen 2 Kettreihen herunterhängen. Machen Sie das gleiche beim Anfang Ihrer Fäden.

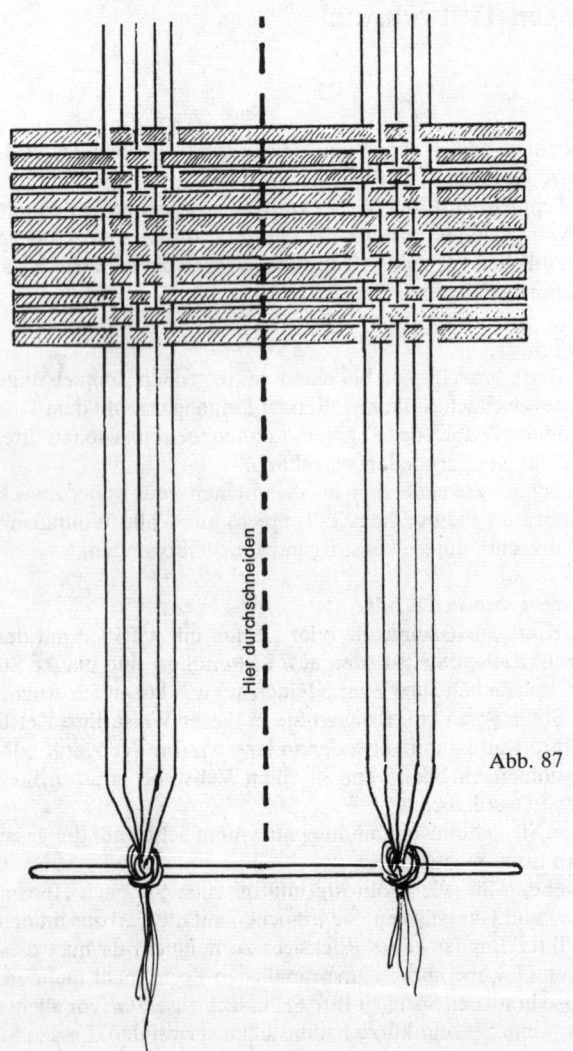

Hier durchschneiden

Abb. 87

– Nehmen Sie die Webware vom Webgerät, wenn Sie am Ende der Kette sind. Schneiden Sie die Schußfäden zwischen den Webstükken durch (in der Mitte der 6 cm, die zwischen den Kettfäden freigelassen wurden).
Sie erhalten Bänder mit 3 cm langen Fransen auf jeder Seite. Nur das erste und das letzte Band haben bloß Fransen auf einer Seite.
Es wäre aber auch möglich gewesen, diese beiden Bänder mit Fransen auf zwei Seiten zu versehen. Dazu hätte man den Schuß während des Webens 3 cm über jede Webkante in Schlingen überstehen lassen müssen.
– Wenn Sie genügend gefranste Bänder haben, bringen Sie die Kette für das Weben des Teppichs auf.
– Anmerkung: Mit den Maßen Ihres Teppichs und der Schußdichte – es wird ein Schuß auf 1 oder 1,5 cm eingetragen – können Sie leicht errechnen, ob Sie genügend Schuß in Form gefranster Bänder haben.
Es genügt, folgende Rechnung zu machen:
Breite des Teppichs = Länge eines eingetragenen Schusses multipliziert mit der Länge des Teppichs, wenn Sie einen Schuß pro cm eintragen, plus 10 % für den Breitenschwund. Beispiel: Breite des Teppichs ist 1 m; Schuß pro cm ist daher 1 m lang = 1 m Schuß pro cm multipliziert mit der Länge des Teppichs von 2 m: 200 Schüsse mit einer Länge von 1 m pro Eintrag plus 10 % = 220 Meter Schuß.

Aufbringen der Kette für die Herstellung des Teppichs
– Die Baumwoll- oder Leinengarnkette wird mit 4 Fäden auf den cm aufgebracht.
Die verwendete Bindung ist hier Leinwand.
Der Schuß wird in Form gefranster Bänder eingetragen. Sie können zum besseren Halt des Gewebes nach jedem 3. oder 4. Schuß mit gefransten Bändern einen Baumwoll- oder Leinengarnschuß eintragen.
– Schußanschlag: Wir haben darüber nicht im speziellen gesprochen. Es ist aber notwendig, wenn Sie einen haltbaren Teppich bekommen wollen, die eingetragenen Schüsse sehr fest anzuschlagen.

Abschlußarbeiten:
– Wie bei jedem Teppich haben Sie die Möglichkeit, Ihre Kette zu Fransen zu knoten oder als Saum zu vernähen.

Herstellung einer Tasche in Schlauchform auf einem vierschäftigen Trittwebstuhl

Wir haben gesehen, daß es möglich ist, mit einem einzigen Schuß ein Gewebe in Schlauchform herzustellen: zwei übereinanderliegende Fadenbänder werden mit einem fortlaufenden Schuß, einmal oben, einmal unten, gewebt.

Die Herstellung des Schlauchgewebes war auf dem Webrahmen nicht einfach. Auf dem vierschäftigen Webstuhl stellt diese Art des Webens keinerlei Probleme dar.

Die Kette

Man braucht nur daran zu denken, daß die aufzubäumende Kette für zwei übereinanderliegende Stoffe bestimmt ist. Es sind daher doppelt soviel Fäden auf den cm vorzusehen, als für einen einfachen Stoff gleicher Qualität aufzuziehen wären.

Um eine 30 cm breite Tasche aus grober rustikaler Wolle in Kette wie im Schuß herzustellen, müssen 120 Kettfäden mit 4 Fäden auf den cm aufgebäumt werden. 60 Kettfäden mit 2 Fäden auf den cm sind für das untere Fadenband und 60 Kettfäden mit 2 Fäden auf den cm sind für das obere Fadenband.

Der Schafteinzug ist wie folgt:

Der Schuß:

Für den Taschenboden müssen beide Fadenbänder eingebunden werden. Es wird mit der Tretfolge 12.34 gewebt (ein Faden des oberen und ein Faden des unteren Fadenbandes werden angehoben).

118

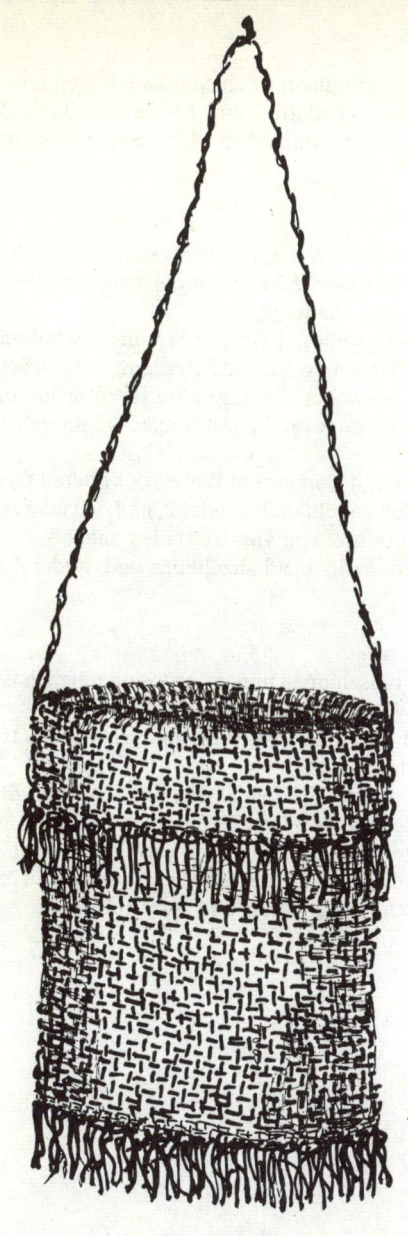

Abb. 88

Nach diesem Schafteinzugsplan ist ein von zwei Fäden für einen Stoff bestimmt: die Fäden der Schäfte 1 und 2 bilden die Kette des oberen Stoffes und die Fäden der Schäfte 3 und 4 bilden die Kette des unteren Stoffes.

Das Weben

Wenn Sie zum Abschließen des Taschenbodens beide Fadenbänder 3 cm lang mit der Tretfolge 12.34 verbunden haben, weben Sie 50 cm für den Taschenkörper wie folgt:

Weben des oberen Gewebes: 1 (tragen Sie Ihren Schuß ein)
Weben des unteren Gewebes: 1 2 und 3 (tragen Sie Ihren Schuß ein)
Weben des oberen Gewebes: 2 (tragen Sie Ihren Schuß ein)
Weben des unteren Gewebes: 1 2 und 4 (tragen Sie Ihren Schuß ein)
und so weiter.

Sie werden bemerken, daß man zum Weben des oberen Gewebes nur einen von zwei Fäden anhebt, d. h. 1 oder 2, und daß man zum Weben des unteren Gewebes drei von vier Kettfäden anhebt, d. h. immer 1 und 2, um das obere Fadenband anzuheben und 3 oder 4 für das eigentliche Weben.

Fertigstellen der Tasche

— Heften Sie die Fransen oben und unten, wenn möglich unter Spannung auf dem Webstuhl.
— Nehmen Sie die Webware vom Webstuhl. Lassen Sie 10 cm lange Fransen an beiden Seiten.
— Drehen Sie den oberen Teil der Tasche nach links um. Bringen Sie einen Schulterriemen an. Wenn Ihr Gewebe locker ist, werden Sie Ihre Tasche füttern müssen. Wenn Sie korrekt angeschlagen haben und ein relativ dünnes und festes Schußgarn verwendet haben, können Sie die Tasche ohne Futter und Naht tragen.

Übersicht über die Webtechnik

Ziel dieser Übersicht ist es, alle wichtigen Webbegriffe zusammenzu-
fassen, die wir während des Webens nach und nach erklärt haben.
Es handelt sich um eine kurze Zusammenfassung, in der wir auf die
Seiten und Abbildungen verweisen, in denen der betreffende techni-
sche Begriff im Detail erläutert wird.
Wir werden nur auf jene Begriffe näher eingehen, bei denen sich uns
während der Webarbeiten keine Gelegenheit zu einer ausführlichen
Erklärung geboten hatte.

Das Weben:
Es ist die Verkreuzung von »biegsamen« Fäden. Das Ergebnis dieser
Verkreuzung ist der Stoff (Abb. 4).
Die Fäden teilen sich in 2 Gruppen auf:
Die Kettfäden, die zur leichteren Verkreuzung aufgespannt sind, und
die Schußfäden, die zwischen den Kettfäden eingetragen werden
(Abb. 4).

Der Webstuhl:
hat zwei wesentliche Funktionen:
– die Kettfäden zu spannen – Abb. 1, 2, 3
– einen Teil der Kettfäden (Fadenband) auszuwählen und anzuheben. Durch das Anheben der Kettfäden kann das »Fach« geöffnet
und der Schuß zur Verkreuzung der Fäden eingetragen werden
(Abb. 5, 6, 7).

Eine dritte Funktion des Webstuhls
– den Schuß anzudrücken, anzuschlagen.
Bei den einfachen Webgeräten übt der Weber diese Funktion mit
Hilfe eines Schußschlegels aus. Die entwickelteren Webstühle besitzen für den Schußanschlag eine Weblade mit Webkamm.
Im Kapitel über Materialien haben wir erklärt, daß es vorteilhaft ist,
wenn die Kette aus einem sehr festen, gezwirnten und nicht haarigen
Material besteht. Wir haben Sie jedoch auch mit haarigen und nicht
gezwirnten Kettmaterial arbeiten lassen.

Kettfäden aus diesem Material verlangen besondere Sorgfalt beim Anschlagen. Umgekehrt gibt ein solches Material dem Gewebe ein nicht alltägliches Gefüge und eine besondere Weichheit. Hätten wir unseren Langschal mit Taschen mit einer glatten Kette und unseren Poncho mit einer gezwirnten Kette gewebt, wäre die Struktur dieser Gewebe ganz anders geworden.

Es soll nie außer acht gelassen werden, daß die Kette die eine Hälfte Ihres Stoffes ausmacht. Die Kette ist zu sehen, wenn es die Schußfadenstärke erlaubt. Sie bedingt das Gefüge und die Haltbarkeit Ihres Stoffes. Sie kann die Ästhetik Ihres Gewebes verringern oder erhöhen.

Ihre Qualität
– bedingt die Haltbarkeit des Stoffes.

Ihre Fadenstärke
– bedingt ihre eigene Einteilung, die Stärke des Schußfadens und die Schußfadendichte.

Ihre Farbe
– bringt die Farbe des Schusses zur Geltung oder nicht.
Schließlich spielt die Qualität und die Elastizität der Kette eine Rolle bei der Errechnung des Längenschwundes und der Bestimmung der Fadenspannung.

Der Kettabfall
hängt von der Art des verwendeten Webgeräts ab.
Bei einem Webrahmen sind nur die letzten Zentimeter Kette nicht verwebbar. Allerdings muß die Kette, selbst bei einem sehr kleinen Webstück, in der gesamten Länge des Webrahmens aufgezogen werden.
Bei den Gewichtswebstühlen und den Webgeräten mit Rückengürtel ist der Abfall relativ groß, manchmal beträgt er 80 cm. Bei einem Webstuhl mit Bäumen schwankt der Abfall zwischen 30 und 80 cm.
Um den Endabfall der Kette zu verringern, ist es ratsam, den Einlegestab des Kettbaums an lange Schnüre zu hängen, damit der Stab die Fäden bis dicht an die Schäfte bringen kann. Sie verlieren somit jetzt nur mehr die Fäden, die sich im Webmechanismus befinden und die Sie zum Schlingen Ihrer Knoten um den Einlegestab brauchen. (Um auch diesen Kettverlust zu reduzieren, sollten Sie sich angewöhnen,

nicht mehr als höchstens 10 cm Faden für einen Knoten zu benötigen, siehe Knoten Abb. 63).

Alle Kettfäden müssen andererseits – das ist zwingend – gleichmäßig gespannt sein. Wenn dies nicht der Fall ist, werden Sie Schwierigkeiten beim Weben bekommen. Ihr Stoff würde schief werden und im Sack hängen (wenn Sie überhaupt weiterweben können, was der Fall sein kann, wenn die Spannungsunterschiede sehr groß sind).

Wenn Sie anweben, d. h. die ersten Schüsse eintragen, können Sie anhand Ihrer Weblinie kontrollieren, ob Ihre Kettfäden korrekt gespannt sind.

Wölbt sich die Linie stellenweise auf, sind die Kettfäden an diesen Stellen zu wenig gespannt. Wölbt sich die Linie ein, sind die Fäden zu straff gespannt, siehe Abb. 20.

Die Spannung

Damit sich Ihre Kettfäden während der Fachaushebung einwandfrei gegeneinander abheben lassen und Sie einen schönen Stoff bekommen, ist es absolut notwendig, daß Ihre Fäden straff gespannt sind. (Wenn Sie mit Ihrer Hand auf eine gut gespannte Kette schlagen, muß Ihre Hand zurückprallen).

Die Kette und der Längenschwund

Während der Verkreuzung – wenn sich die Kette in den Schuß einwebt, sich um den Schuß schlingt – kommt es zu einer Verformung der Kette, die man Längenschwund nennt (Abb. 14).

Der Längenschwund beträgt mehr oder weniger 10 %. Dieser Prozentsatz ist aber nur ein Anhaltspunkt, da der Längenschwund von verschiedenen Faktoren abhängig ist: von der Schußfadendichte auf den cm, vom Kettabstand und von der Bindung, der Art der Fadenverflechtung. Nur mit Hilfe eines Webmusters können Sie genau und sicher errechnen, um wieviel Sie mehr weben müssen, um die gewünschte Weblänge zu erhalten.

Wie einen gerissenen Kettfaden ersetzen?

– Diesen Punkt konnten wir zum Beispiel noch nicht eingehender darlegen.

Wenn Sie an einem Webrahmen oder an einem Webgerät arbeiten, ersetzen Sie den ganzen Faden, so wie wir es Ihnen erklären werden.

Wenn Sie an einem Webstuhl arbeiten und es reißt ein Kettfaden, während sich noch Kette am Kettbaum befindet, d. h. während der

Einlegestab noch unter der Kette »gefangenliegt«, wechseln Sie nur einen Teil des gerissenen Fadens aus.

Methode: Stecken Sie eine Stecknadel in der Linie des gerissenen Fadens auf dem Gewebe fest. Wickeln Sie einen neuen Faden um diese Nadel. Der Faden muß lang genug sein, damit Sie ihn auf einem Webgerät um den Kettstab knoten oder auf einem Webstuhl am Streichbaum an den gerissenen Faden anknüpfen können.

Ziehen Sie auf einem Schaftwebstuhl den neuen Faden durch den Zahn des Kammes und, wenn nötig, durch die leere Litze, bevor Sie den Faden hinten am Streichbaum mit der richtigen Spannung an den gerissenen Faden knoten.

Am Ende der Webarbeit werden die beiden Fadenenden in den Stoff eingezogen.

Wenn sich der Knoten auf den Schaftwebstühlen beim Vorrücken der Kette den Litzen nähert, lösen Sie ihn. Gehen Sie so vor, als ob es sich um einen neuen gerissenen Faden handelt und verlegen Sie den Knoten zurück an den Streichbaum.

Der Schuß

Wir haben gesehen, daß man »alles« als Schuß verweben kann.

Um die Ketteinteilung richtig zu bestimmen – sie ist bedingt durch die Bindung und das Schußgarn, das verwendet wird –, muß auch noch die Stärke und die Struktur des Kettgarns mitberücksichtigt werden. Daraus ersehen Sie wieder einmal, welche Einheit die Kette und der Schuß zusammen bilden. Von den gleichen Faktoren wie die der Ketteinteilung hängt auch die Schußdichte ab, das heißt die Anzahl der einzutragenden Schüsse auf den Zentimeter: Stärke, Struktur des Schußgarns und Gefüge des gewünschten Stoffes.

Der Schußanschlag: oder das Andrücken des Schusses an den Warenrand.

Zu den Webübungen in diesem Buch haben wir immer – wie Sie gesehen haben – die Schußdichte, d. h. die Anzahl der Schußfäden auf den cm, angegeben.

Um diese Schußdichte einhalten zu können, haben Sie härter oder weicher anschlagen müssen. Aufgrund dieser unterschiedlichen Schlagstärke konnten Sie – je nach Wunsch und künftigen Gebrauch des Stoffes – Gewebe mit verschiedenen Strukturen, lockerer oder fester, erhalten.

Wir hätten in unseren Webbriefen außerdem noch anführen können, ob der Anschlag bei offenem oder geschlossenem Fach erfolgen soll.

Sie werden sicher festgestellt haben, daß der Anschlag bei geöffneten Fach viel stärker wirkt als bei geschlossenem Fach, wo der Schußfaden einfach an den zuletzt eingetragenen Schuß gedrückt wird. Ebenso werden Sie bemerkt haben, daß ein doppelter Anschlag (zuerst ein Anschlag bei offenem und dann ein zweiter Anschlag bei geschlossenem Fach) besonders stark ist.

Trotz dieser Begründungen erfolgt der Anschlag im Prinzip und aus verschiedenen Gründen bei geschlossenem Fach:

Der wichtigste Grund ist, daß der Anschlag bei geschlossenem Fach schneller geht: Während das Fach geschlossen wird, sich die Füße auf die nächsten Tritte stellen, kann der Schuß mit den Händen angeschlagen werden. Der zweite Grund ist, daß sich die Länge des Schußfadens, der in einem Winkel im Fach abgelegt wird, nicht mehr verändert, wenn der Anschlag bei ruhender Kette erfolgt (einer Kette, die durch die Öffnung des Fachs nicht mehr verformt ist). Außerdem kommt es selten vor, daß man einen Stoff mit steifem Gefüge wünscht.

Wie Sie sicherlich wissen werden, können manche Ketten nur bei geschlossenem Fach angeschlagen werden. Das sind zum Beispiel Ketten aus haarigem oder nicht gezwirntem, rustikalem Fasermaterial. (Dieses Material wird von vielen Webern als nicht brauchbar für die Kette angesehen).

Machen Sie Webproben und urteilen Sie selbst. Wichtig ist, daß Sie einmal über dieses Problem gehört haben.

Der Schuß und der Breitenschwund: Begriff des Schußwinkels

Genauso wie sich die Kette verformt, wenn sie sich mit dem Schuß kreuzt, erleidet auch der Schuß eine Verformung, wenn er sich mit der Kette verschränkt.

Diese Verformung des Schusses wird Breitenschwund genannt. Er beträgt ungefähr 10 % und hängt von den gleichen Faktoren ab, wie die des Längenschwundes (Garnstärke, Garnstruktur, Schußfaden- und Kettfadendichte auf den cm, Art der Fadenverkreuzung, d. h. der Bindung).

Der Breitenschwund, der sich sehr unangenehm auf die Warenbreite und die Warenkanten auswirken kann, ist viel schwieriger zu kontrollieren als der Längenschwund, dem man relativ leicht durch längeres Weben abhelfen kann. Die Abhilfe für den Breitenschwund ist der Schußwinkel (Abb. 22). Der Schußfaden wird im Fach länger abgelegt als die Webware breit ist. Der längere Faden beseitigt die Wirkungen des Einwebens.

Wie einen Schußfaden während des Webens ansetzen?

Denken Sie zuerst daran, daß es zweckmäßig ist, Anfang und Ende des Fadens abzuschrägen, die durch Übereinanderlegen angesetzt werden sollen.

Die beiden Fäden sollen zumindest ein Stück von 3 cm übereinanderliegen.

In den Abb. 24–25 und 26 zeigen wir Ihnen, wie Sie dabei vorgehen sollen.

Die Abschlußarbeiten

Die Webarbeiten können sehr verschieden abgeschlossen werden. Oft, allerdings, dienen die Kettfäden als Fransen.

Zur Bildung der Fransen werden die Fäden je nach Kettabstand in Gruppen zu 2–4 oder 6 aneinandergeknotet.

Als Knoten wird entweder ein Doppel- oder ein Kugelknoten verwendet. Die Fransen können geflochten oder geknüpft werden, je nach dem Stil, den man der Webarbeit geben möchte.

Manchmal jedoch stören die Kettfäden. Der Stoff muß dann abgeheftet werden, möglichst solange die Kettfäden noch auf dem Webstuhl aufgespannt sind. Die Fäden werden anschließend knapp hinter dem Stoff, aber nicht zu knapp, abgeschnitten. Die Webware wird gesäumt oder mit einer Borte oder einem Band eingefaßt.

Man kann aber auch den gehefteten und vom Webstuhl geschnittenen Stoff mit einem Festonstich übernähen. Der Festonstich verziert und sichert zugleich die Gewebeenden.

Ebenso ist es möglich, die Kettfäden einzeln einzufädeln und entlang der Kette – einmal über, einmal unter dem Schuß – auf eine fast unsichtbare Art in das Gewebe einzuflechten. Auf diese Weise werden vor allem Dekolletés und Ärmellöcher abgeschlossen. Die Nähte eines Saumes würden an diesen Stellen – selbst wenn ein dünner Schuß verwendet wurde – nicht vorteilhaft wirken.

Die Bindungen

Die Bindung ist das Ergebnis einer bestimmten Verkreuzungsart von Kett- und Schußfäden.

Bindungen, die sich mit 4 Schäften und einem geraden Schafteinzug, das heißt:

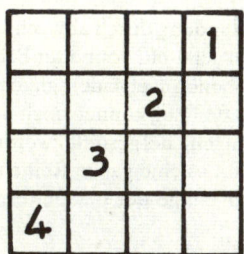

erzielen lassen, nennt man Grundbindungen.

Zu den Grundbindungen gehören:

Die Leinwandbindung
– eine Bindung, bei der abwechselnd ein von zwei Fäden für jede Schußreihe angehoben (oder liegengelassen) wird. (Abb. 4 und 35).

Die einbindige Köperbindung
– eine Bindung, die aus der Verkreuzung eines von vier Fäden entsteht. Der anzuhebende Faden wird nach jeder Schußreihe um einen Faden weiter versetzt (Abb. 37).

Die einbindige Fischgratbindung
– eine einbindige Köperbindung, deren Links- und Rechtsgrate miteinander abwechseln (Abb. 38).

Die zweibindige Köperbindung
– die gleiche Bindungsart wie der einbindige Köper. Nach jeder Schußreihe wird der anzuhebende Faden um einen Faden weitergerückt; es werden aber jetzt zwei von vier Fäden angehoben (Abb. 39).

Die zweibindige Fischgratbindung
– setzt sich aus einem zweibindigen Links- und Rechtsgratköper zusammen, deren Grate miteinander abwechseln.

Die Rips- oder Stäbchenbindung
- entsteht, wenn abwechselnd zwei von vier nebeneinanderliegender Fäden angehoben werden. Der Abstand zwischen den Kettfäden vergrößert sich; das sich öffnende Fach ist hoch genug, um das Eintragen eines stärkeren Schußgarnes zu ermöglichen. Ein dünneres Schußgarn deckt bei dieser Bindung oft die Kette vollkommen. Der Schuß tritt deutlich hervor.

Die Panamabindung
- entsteht wie die Ripsbindung durch abwechselndes Anheben 2 von 4 Fäden. Es wird aber jetzt ein doppelter Schußfaden eingetragen, der den zwei angehobenen Kettfäden gleicht.

Mit dem geraden Schafteinzug können noch – wie Sie wissen sollen – viele andere Bindungen hergestellt werden. Neben dem geraden Schafteinzug gibt es eine ganze Reihe anderer Einzugsarten. Wir zeigen Ihnen hier einige der bekanntesten Schafteinzüge:

Der abgesetzte Einzug

Der Einzug im einfachen Winkel

Der Einzug im doppelten Winkel

Die Bindungen werden in Kodes dargestellt. So können alle Weber, egal welche Sprache sie sprechen, diese Bindungen verstehen. Dank diesem Kode wird es Ihnen möglich sein, amerikanische oder schwedische Bücher über Bindungen zu benutzen. Der Kode ist – abgesehen von einigen wenigen Abweichungen in der Darstellung – international.

Dieser Kode macht es auch möglich, eine an sich komplizierte Bindung, für deren Aufzeichnung 2 »ungenießbare« Textseiten erforderlich wären, in einer Tabelle zu erklären. Wir haben diesen Kode nach und nach für unsere Übungsbeispiele auf den Seiten 105, 107 usw. erklärt.

Fassen wir hier zusammen:

1. Die Kettfäden werden in einer senkrechten Reihe dargestellt. Der erste Faden befindet sich rechts.

2. Jede waagerechte Reihe bedeutet einen Schaft. Der letzte Schaft hinten am Kettbaum wird mit 1 numeriert. Es wird von hinten nach vorn gezählt, gleichgültig wie viele Schäfte zu numerieren sind.

4. Faden	3. Faden	2. Faden	1. Faden					
		1				1		Schaft 1
	2				2			Schaft 2
3				3				Schaft 3
4			4					Schaft 4

Der Tretfolgeplan

Die verwendete Trittfolge ist links auf dem Webschema durch ein Kreuz oder eine Wiederholung der Schaftnummer einzutragen. Kreuz oder Schaftnummer wird in jenes Kästchen eingezeichnet, das sich mit der senkrechten Reihe und der waagerechten Reihe des verwendeten Schaftes überschneidet.

Denken Sie daran, daß es bei 4 Schäften 13 Möglichkeiten des »Fachtretens« gibt. Wir haben alle diese Möglichkeiten im obenstehenden Plan angegeben.

Tretfolgeplan				4. Faden	3. Faden	2. Faden	1. Faden	
	1						1	1. Schaft
2						2		2. Schaft
	3				3			3. Schaft
4				4				4. Schaft

Das Webschema

Mit Hilfe des Webschemas ist es möglich, das Resultat einer Bindung gemäß dem Schafteinzugsplan und dem Tretfolgeplan darzustellen.

Malt man die Kästchen der gehobenen (oder genommenen) Kettfäden bunt aus, erhält man ein Fadenmuster, das das Bindungsbild ziemlich gut wiedergibt, Siehe Abb. 83.

Es ist international üblich, immer nur ein Kästchen für einen Faden auszufüllen.

Möchte man das wahrscheinliche Ergebnis einer bestimmten Bindung ganz genau abgebildet sehen, d. h. möchte man die Garnstärke des Schusses, die Schußdichte, die Garnstärke der Kette, die Ketteinteilung in der Bindungszeichnung mitberücksichtigen, muß man das Webschema auf ein Millimeterpapier übertragen.

Jeder Faden ist in seiner wirklichen Stärke unter Berücksichtigung des Kettfadenabstandes darzustellen. Der angehobene Faden muß auf der Höhe des angeschlagenen Schusses koloriert werden.

Manchesmal geht es schneller, ein Muster zu weben.

Der Webbrief
Wenn Sie ein Webmuster herstellen, ist es nützlich zu wissen, wie man alle wichtigen Daten über dieses Muster schriftlich festhalten soll, damit man diese Angaben vielleicht viel später einmal wieder für eine Webarbeit verwenden kann.

Hier zeigen wir Ihnen, wie der Webbrief für ein Muster aussehen soll:

- Beschaffenheit der Kette:
  verwendete Materialien, ihr Ursprung, ihre Titer:
  Schafteinzugsplan (in Kode):
  verwendeter Webkamm und Fadendichte auf den cm:
- Beschaffenheit des Schusses:
  verwendete Materialien, ihr Ursprung, ihre Titer:
  Schußdichte (Anzahl der angeschlagenen Schußfäden auf den cm):
  verwendete Trittfolge in Kode:
- eine letzte sehr nützliche Notiz:
  Ihre unmittelbar gemachten Kommentare – zum Beispiel:
  »Es wäre besser gewesen, mehr Fäden auf den cm zu scheren«
  oder
  »Die Kette dehnt sich aus«, usw.

Das Weben in Schlauchform

Wir haben es zweimal an Webarbeiten erklärt:

Zuerst an der Herstellung einer gefütterten Puppe auf einem einfachen Webgerät

und dann an der Herstellung einer nahtlosen Schlauchtasche auf einem vierschäftigen Webstuhl.

Nur zur Wiederholung:

– Doppelt soviel Fäden aufbringen als man für den gleichen »einfachen« Stoff aufziehen würde.

– Nur ein Weberschiffchen für das Weben des oberen und des unteren Gewebes verwenden.

– Keinen Schußfaden – wenn möglich – im unteren Fadenband ansetzen.

– Die Kette sehr ordentlich scheren. Einen von zwei Fäden für jeden Stoff in die Litze ziehen, damit die Kettfäden einen regelmäßigen Abstand bekommen.

– Hier sehen Sie die Trittfolge für einen Schafteinzug:

Weben des oberen Stoffes: 1
Weben des unteren Stoffes: 1 2 und 3
Weben des oberen Stoffes: 2
Weben des unteren Stoffes: 1 2 und 4

Das Weben in Schlauchform und die Bindungen

Wie Sie sicherlich festgestellt haben, kann das Schlauchgewebe bei 4 Schäften in keiner anderen Bindung als der Leinwandbindung hergestellt werden.

Für einen Köper oder ein Wabenmuster braucht man 8 Schäfte.

Mit 8 Schäften kann man sogar in Leinwandbindung 4 Stoffe übereinander weben. Von dieser Möglichkeit wird zum Beispiel beim Gobelinweben Gebrauch gemacht.

Das Weben in Doppelform

Diese Webtechnik ist von Nutzen, um die Breite eines Webstückes verdoppeln zu können. Mit Hilfe dieser Methode ist es zum Beispiel möglich, eine 2 m breite Bettdecke auf einem nur 1 m breiten Webstuhl zu weben.

Das Prinzip des Doppelwebens ist dem des Schlauchwebens ähnlich, das wir eben besprochen haben.

Wie beim Schlauchweben muß die Anzahl der Kettfäden um das Doppelte erhöht werden. Die Fäden sind wie folgt in die Schäfte einzuziehen: 1 – 3 – 2 – 4. Es wird wieder nur mit einem Weberschiffchen gearbeitet, das einmal zwischen dem oberen und einmal zwischen dem unteren Fadenband durchläuft.

Der Tretfolgeplan ist der folgende:

Weben des Obergewebes: 1, geben Sie Ihr Schiffchen durch

Weben des Untergewebes: 1 – 2 und 3, geben Sie Ihr Schiffchen durch

Weben des Untergewebes: 1 – 2 und 4, geben Sie Ihr Schiffchen durch

Weben des Obergewebes: 2, geben Sie Ihr Schiffchen durch, usw.

Eine wichtige Vorsichtsmaßregel:

– den Schußfaden beim »Wenden« weder zu straff ziehen noch in Schlingen überstehen lassen.

Ein Rat:

– Damit Sie das »Wenden« meistern lernen, weben Sie einige Taschen und Kissen in Schlauchform, bevor Sie mit der Herstellung eines Doppelgewebes beginnen. Wenn die Schußwendungen beim Schlauchgewebe nicht sofort klappen, ist es weniger tragisch als beim Doppelgewebe, wo die Wendungen die Mittellinie des Stoffes darstellen.

Die Gaze, der Leno oder die Spanische Spitze

Es gibt eine Vielfalt von Gazearten, d. h. von mehr oder weniger luftdurchlässigen Geweben. Wir haben einige Gazearten in unseren Übungsbeispielen gewebt (Seite 74–76).

Das Weben erfolgt durch Drehung von Kettfäden. Es werden meistens drei, vier oder mehr Kettfäden nach rechts oder nach links um den Schuß gedreht. Oder es werden jeweils 2 Kettfäden gedreht und nach jeder Schußreihe versetzt.

Diese Webmethode ähnelt einer sehr alten Technik, die Sprang oder auf englisch Twist heißt. Der Sprang beruht nur auf der Drehung der Kette.

Dies erinnert auch an eine Technik, bei der die Kettdrehung mit Hilfe von Kärtchen aus Karton erfolgt. In den vier Ecken der Kärtchen sind Löcher gebohrt, durch die die Kettfäden gezogen sind. Werden die Kärtchen in Bewegung gesetzt, drehen sich die Fäden zusammen.

Dieses Weben erfolgt aber mit einer dicht aufgezogenen Kette. Das Gewebe, das dabei entsteht, ist daher nicht luftig, sondern »voll«.

In Form weben

Wir haben gesehen, daß es oft von Vorteil ist, in Form weben zu können. In Form weben, heißt die Webarbeit in ihrer endgültigen oder fast endgültigen Form herstellen.

Wir haben diese Technik bei der Herstellung von Kleidungsstücken (Seite 69), der Tragtasche für Holzscheite (Seite 95) und der Tasche (Abb. 71), usw. angewandt.

Bei dieser Methode müssen die Umrisse der gewünschten Form auf die Kette gezeichnet werden. Während des Webens folgt man den Umrissen so gut wie möglich und webt mit mehreren Weberschiffchen nur auf den vorgezeichneten Stellen. Die Kettfäden werden entsprechend der Form »genommen« oder »liegengelassen«. Legen Sie Ihr naturgroßes Muster über oder unter die Kette und zeichnen sie mit Hilfe eines dicken Filzstiftes die Form auf die Kette. Beim Weben in Form bleiben zwangsläufig Kettfäden unverwebt. Diese Fäden müssen nach Abschluß der Webarbeit entweder vernäht oder zu Fransen geknotet werden (wie bei unserem in Form gewebten Schultertuch). Diese Technik wird sehr häufig bei der Herstellung von Kleidungsstücken angewandt.

Der Teppich

Die Technik des Teppichwebens könnte Gegenstand eines ganzen Buches sein. Wir werden sie hier nur sehr kurz zusammenfassen.

Der Teppichknoten, den wir Sie knüpfen ließen (Abb. 65), wird derzeit am häufigsten verwendet, weil er mit dicker Wolle (Teppichdochtgarn) relativ schnell auszuführen ist. Es handelt sich um den Ghiordesknoten.

Man sollte jedoch wissen, daß es auch noch andere Knoten gibt.

Der Senneh-Knoten über 2 Fäden muß sehr fest geschlagen werden, damit er hält. Er kann nur auf einer sehr straff gespannten Kette geknüpft werden. Außerdem muß nach jeder Knotenreihe ein Flachsoder Hanfschußgarn eingetragen werden, damit der Senneh-Knoten am Platz bleibt. Die meisten Orientteppiche werden in dieser Weise geknüpft. Zur Herstellung eines mittelgroßen handgeknüpften Teppichs aus Senneh-Knoten braucht zum Beispiel eine Familie ein ganzes Jahr.

Der Spanische Knoten, der eine gewisse Ähnlichkeit mit dem Senneh-Knoten hat, wird nur um einen Faden geknüpft. Er muß sehr fest angeschlagen werden, damit er durch »Druck« Halt bekommt.

Den Sumak-Knoten haben wir bei der Gobelintechnik erwähnt. Sumak stellt eine Bindungsart dar, bei der ein fortlaufender Schußfaden jeden einzelnen Kettfaden umschlingt. Da der Schußfaden von Hand eingeflochten wird, dauert diese Technik sehr lang.

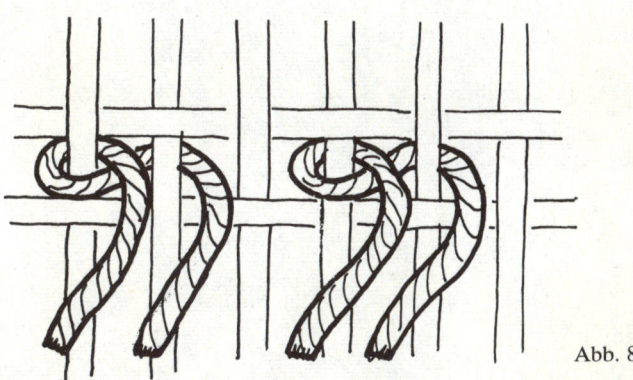

Abb. 89

Beim Chenille-Teppich werden vorgewebte Fransenbänder als Schuß verwendet. Die Fransenbänder werden aus allen möglichen Wollresten gewebt. Der Teppich ist auf den Seiten 115–117 erklärt.
Beim Flickenteppich werden Stoffstreifen als Schuß verwendet. Er ist auf den Seiten 28–39 erklärt.

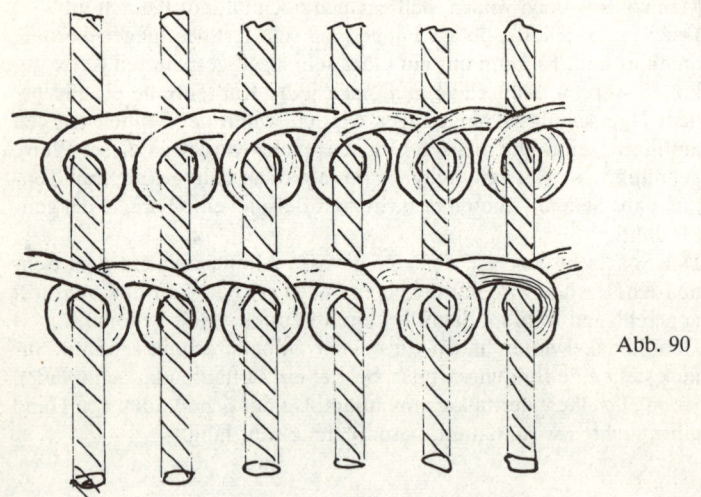

Abb. 90

Der Hautelisse- und der Basselisse-Gobelin

Beim Gobelin wird eine feste Kette verwendet, egal ob es sich um einen Hautelisse- oder Basselisse-Gobelin handelt. Bei Hautelisse wie bei den Wandteppichen verläuft die Kette senkrecht. Bei Basselisse wie bei den Aubusson-Bildteppichen verläuft die Kette waagerecht. Im Prinzip deckt der Schuß die Kette, da das Gobelinmuster nicht durch die Bindung (Art der Fadenverflechtung), sondern durch die Farbe des Schusses gebildet wird.

Es wird mit den Schußfarben ebenso gearbeitet wie ein Maler mit seinen Farben.

In der modernen Gobelintechnik werden auch sehr oft verschiedenartigste Fasermaterialien – aber nur in einer Farbe – verwendet. Der graphische Effekt entsteht durch Unterschiede in der Materialbeschaffenheit wie matt oder glänzend, dick oder dünn.

Diese moderne Art der Gobelinherstellung unterscheidet sich ganz wesentlich von der zuerst angeführten Herstellungsart. Das moderne Gobelin verlangt technische Kenntnisse, die eher in die Weberei als in die klassische Gobelintechnik fallen.

Mit dem modernen Gobelin kam das Weben in Hohlform auf. Das Weben in Hohlform benutzt die Techniken des Webens auf mehreren Ebenen, des Schlauchwebens, aber auch verwandte Herstellungsverfahren wie das Makramee oder der Sprang.

Der traditionelle Gobelin

Auf Seite 95 ist ein Webbeispiel dazu angegeben. Alle klassischen Gobelintechniken sind in Abb. 72 dargestellt. Man braucht Erfahrung und Vorstellungsvermögen, um zu wissen, welche der Gobelintechniken man aussuchen soll, damit das Muster entsprechend dem Karton ausfällt.

Die Anfertigung eines Kartons ist praktisch unerläßlich. Je mehr man sich mit der Gobelintechnik beschäftigt, desto mehr wird man erkennen, wie kompliziert diese Technik ist. Als Neophyt erscheint einem auf dem ersten Blick die Gobelintechnik lang nicht so verwirrend wie das Weben mit seinen vielen Bindungen.

Der Karton ist mit größter Genauigkeit herzustellen. Wenn er fertig ist, müssen Sie erst lernen, ihn zu interpretieren. Legen Sie zu diesem Zweck ein durchsichtiges Millimeterpapier auf den Karton. Überprüfen Sie, ob sich die Anzahl der Kettfäden auf den cm, die Sie aufbäumen wollen, für die Herstellung jener schrägen oder gewundenen Linie im Muster eignet.

Es ist nicht Ziel dieses Buches, Ihnen einen Vortrag über das Anfertigen von Kartons zu halten. Sie sollen nur wissen und verstehen, wenn Ihnen ein Muster mit Hilfe wechselnder Schußfarben nicht so recht gelingt, daß der Grund dafür vielleicht beim Karton zu suchen ist. In einem solchen Fall ist es dann besser, Sie nehmen eines der einschlägigen Sachbücher zur Hand.

Das »Gobelinweben« durch Wechsel verschiedener Materialarten
Wie wir es Ihnen bereits angedeutet haben, ähnelt diese Technik mehr der Web- als der Gobelintechnik. Bei diesem Gobelinweben wird das Verhältnis zwischen angehobenen und liegengelassenen Kettfäden je nach der Schußfadenstärke variiert.
Ein Weber würde das zum Beispiel so ausdrücken: Er könnte bei einer Kettfadendichte von 6 Fäden auf den cm einen dünnen Schuß in Leinwandbindung einweben. Verhältnis der angehobenen zu den liegengelassenen Fäden 1 : 1.
Möchte er in einem Teilabschnitt dieser Schußlinie einen etwas dickeren Schuß verwenden, könnte er in Ripsbindung weben. Verhältnis der angehobenen zu den liegengelassenen Fäden 2 : 2. Durch dieses Fadenverhältnis vergrößert sich die Öffnung zwischen den Kettfäden. Der Weber könnte somit in dieser Schußlinie 2 verschieden starke Schüsse eintragen. Zwischen beiden Einschüssen wird das Fach gewechselt. Wollte der Weber einen noch dickeren Schuß verwenden, könnte er einen von vier Kettfäden wie beim einbindigen Köper anheben.
Jetzt muß noch geklärt werden, wie die Schußfäden in dieser Schußlinie miteinander zu verbinden sind. Wählen Sie hierfür eine der klassischen Gobelintechniken aus. Achten Sie darauf, daß die eingehängten Schußfäden in der gleichen Höhe weiterlaufen. Verbinden Sie zum Beispiel einen dicken Schuß mit 2 dünnen Schüssen, um eine gerade Weblinie zu erhalten (ohne Einwölbungen). Manchesmal wird es notwendig sein, mehrere dünne Schüsse in einem Teilabschnitt einzutragen, um den Unterschied zu einem dicken Schuß in der gleichen Weblinie ausgleichen zu können. Welche Methode Sie dabei wählen, bleibt Ihnen überlassen.
Es gibt viele »Kniffe« für diese Art der Gobelinherstellung. Diese Kniffe werden in einem Handbuch über Gobelin vom gleichen Autor wie von diesem Buch erklärt.

Der Gobelin in Hohlformtechnik

Die Hohlformtechnik ähnelt wieder mehr der Webtechnik in Schlauchform oder der Webtechnik auf mehreren Ebenen als der klassischen Gobelintechnik. Die klassische Gobelintechnik bleibt aber weiterhin die wichtige technische Grundlage für einen guten Zusammenhalt der Gewebeflächen.

Für die Hohlformtechnik ist auch ein fundiertes Grundwissen über Makramee und manchesmal sogar über Korbflechterei notwendig. Je mehr Sie über diese Techniken Bescheid wissen, desto besser können Sie sich der Hohlformtechnik bedienen.

Das Weben in Schlauchform ist in diesem Buch ausgeführt worden (Seite 77 und 119). Wir haben sogar schon die Hohlformtechnik angewandt, und zwar als wir die Puppe auf dem Webgerät fütterten.

Der »Stickerei«-Gobelin

Ist eine vereinfachte Form der Gobelinherstellung. Das Gobelinmuster entsteht durch Weben. Ein zusätzlicher farbiger Schußfaden wird in dieselben Fächer wie der Schußfaden eines Grundgewebes eingelegt. Der farbige Schußfaden wird aber nicht über die ganze Kette, sondern nur über bestimmte Stellen der Kette geführt. Durch die Verdickungsstellen in jeder Schußreihe zeichnet sich ein Muster ab.

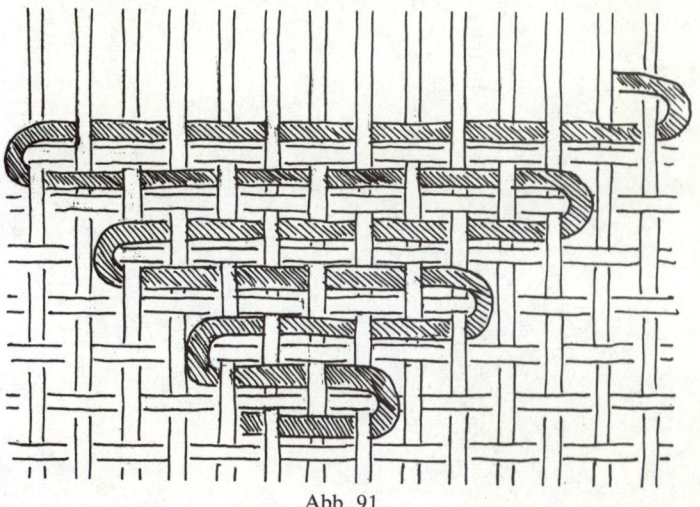

Abb. 91

Der Gobelin in Negativ-Positiv

Diese Technik leitet sich von der Webtechnik auf zwei Ebenen ab. Für die Kette werden nur zwei Farben verwendet. Im Prinzip werden die beiden übereinanderliegenden Fadenbänder in sehr kontrastreichen Farben, wie etwa Schwarz und Weiß, ausgesucht.

Zwei Farben für den Schuß; oft dieselben wie die der Kette. Zur Musterbildung wird jedoch der schwarze Schuß in die weiße Kette und der weiße Schuß in die schwarze Kette eingetragen.

Diese Technik wird in den bereits weiter oben angeführten Handbuch über Gobelin erklärt. Sie wird aber auch in verschiedenen Büchern über Weben beschrieben.

Schließlich gibt es noch die schwedische oder ägyptische Technik, die Teppichtechnik Sumak, die Hoppi-Technik, usw.

Die verschiedenen Arten von Trittwebstühlen

Es könnte sein, daß Sie eines Tages auf einem Trittwebstuhl weben wollen und keine Gebrauchsanweisung dazu haben.
Es ist nicht so offenkundig, daß Sie den Webstuhl einzustellen wissen. Sie müßten erst herausfinden, um welche Stuhlart es sich handelt: Ist es ein Hoch- oder ein Tieffachwebstuhl? Oder ist es ein Hoch- und Tieffachwebstuhl? Erfolgt der Gegenzug der Schäfte über Rollen oder Hebeln?
Die Beantwortung dieser Fragen ist wichtiger als es vielleicht zuerst den Anschein hat. Das Einstellen variiert grundlegend je nach den Webstuhlarten. Es ermöglicht die Bildung eines Fachs, das hoch genug ist, damit der eingetragene Schuß nicht am unteren Fadenband hängen bleibt.

Der Tieffachwebstuhl
Er ist am einfachsten zu bauen. Sie werden ihn aber nur in kleinen Breiten finden, da er vor allem ein Webstuhl für Laienweber ist.
Das Prinzip des Webstuhls ist folgendes: Durch Niedertreten des Fußpedals wird der Schaft, der mit diesem Pedal verschnürt ist, nach unten gezogen. Er senkt dadurch den Teil der Kettfäden, die in ihm eingezogen sind. Der andere Teil der Kette bleibt in der Höhe.
Jetzt sind aber im Gegensatz zu dem, was wir für die Erstellung des Webschemas gelernt haben, die gelassenen Kettfäden die genommenen und umgekehrt. Das hat zwei sehr wichtige Konsequenzen:
1. Die Kettfäden müssen sich in Normallage im oberen Teil des Webkammes befinden.
2. Wenn man eine Trittfolge liest, müßte man sie umkehren, um das gleiche Webbild wie im Webschema zu erzielen. Läßt man die Trittfolge so wie sie ist, müßte man sich im klaren sein, daß die Stoffseite, die man sieht, in Wirklichkeit die Rückseite ist, und daß man die Vorderseite des Stoffes erst nach Abnahme der Ware vom Webstuhl zu Gesicht bekommt.
Das hat natürlich keinerlei Konsequenzen bei allen Stichen und Bindungen, die reversibel sind, d. h. bei denen die rechte Seite wie die linke Seite aussieht.

Das ist der Fall bei der Leinwandbindung, der Köperbindung, der zweibindigen Fischgratbindung und bei vielen anderen Bindungen.

Der Tieffachwebstuhl verwendet Federn zur Rückführung der Schäfte. Das erklärt seine relative Empfindlichkeit und ist auch der Grund, warum er nur in kleinen Breiten hergestellt wird: sehr breite Schäfte wären zu schwer, um von den Federn nach oben gezogen werden zu können.

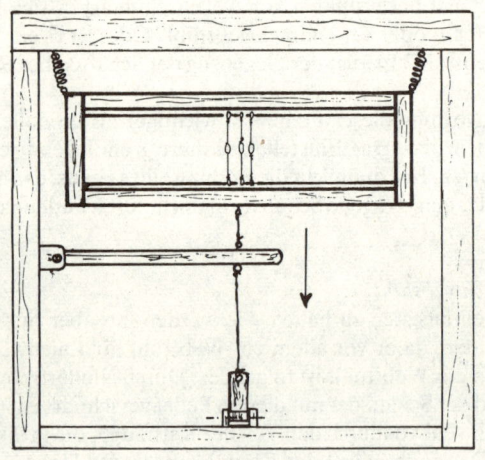

Abb. 92

Der Hochfachwebstuhl

Er ist einer der am meisten verwendeten Webstühle, da er nicht so anfällig wie der Tieffachwebstuhl ist. (Dieser dem Tieffachwebstuhl nachgesagte Mangel besteht manchesmal zu unrecht, und zwar wenn nicht 8 Stunden täglich an ihm gearbeitet wird). Der große Vorzug des Hochfachwebstuhls liegt in seiner leichten Einstellbarkeit und in seinem klaren und großen Fach.

Ein weiterer Vorzug dieses Modells ist, daß man ihn in allen oder fast in allen Breiten bekommen kann. (Wir werden sehen, daß bei sehr großen Breiten der Hoch- und Tieffachwebstuhl leichter zu handhaben ist).

142

Das Prinzip des Webstuhls ist nicht mehr ganz so einfach. Folgen Sie der Skizze. Sie werden feststellen, daß der Tritt mit einem Quertritt verbunden ist. Dieser Quertritt ist wiederum mit zwei kurzen Hebeln verschnürt, die Marionetten oder Obertritte genannt werden. Durch Niederziehen des Quertrittes, werden die Oberritte nach oben geschwenkt und ziehen den Schaft, mit dem sie verbunden sind, nach aufwärts. Der nach oben gezogene Schaft hebt gleichzeitig alle in ihm eingezogenen Kettfäden an. Es entsteht ein Hochfach, das diesem Webstuhl seinen Namen gegeben hat.

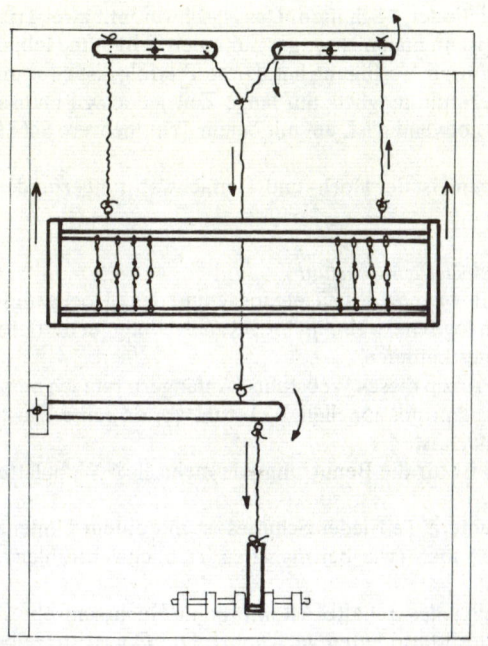

Abb. 93

Konsequenzen für das Einstellen des Webstuhls
- Die Kettfäden müssen sich in Normallage im unteren Teil des Webkammes befinden; bei Verwendung eines Schützenschlages sogar
noch um einige Millimeter tiefer.
- Nachteil dieser Webstuhlart: Mißt der anzuhebende Schaft mehr als
2 Meter in der Breite, muß ziemlich viel Kraft aufgewendet werden,
um den Schaft durch Niedertreten des Fußpedals hochziehen zu
können.
- Die Kettgarne werden sehr stark beansprucht. Sie verformen sich
nach oben, um das Fach zu öffnen.
- Für manche Bindungen müssen mehr als 4 Schäfte verwendet werden. Die Tretfolge verlangt dann ein gleichzeitiges Anheben von
manchesmal 3 oder 4 Schäften. Das ist schwer, mit zwei Tritten zu
bewältigen, wenn man nicht sogar nur einen Tritt zum Heben der 3
oder 4 Schäfte zur Verfügung hat. Diese Tretfolge ist zwar mit dem
Hochfachwebstuhl möglich, auf lange Zeit jedoch zu mühsam, da
zuviel Kraft notwendig ist, um mit einem Tritt mehrere Schäfte anzuheben.
Aus diesem Grund ist der Hoch- und Tieffachwebstuhl erfunden worden.

Der Hoch- und Tieffachwebstuhl
verbindet die Bewegung des »Tiefgangs« und des »Hochgangs«. Die
Kette muß sich logischerweise in ihrer Ruhestellung im mittleren Teil
des Webkammes befinden.
Hier nun das Prinzip dieses Webstuhls. Anfängern rate ich persönlich
von diesem sehr professionellen Webstuhl ab, da seine Einstellung
nicht ganz einfach ist.
Dieses Modell ist für die Benutzung von mehr als 6 Webblättern erhältlich.
Prinzip: Der untere Teil jedes Schaftes ist mit einem Umlenkhebel
verschnürt, den man (wie bei manchen Tieffachwebstühlen) kurze
Marsche nennt.
Der obere Teil jedes Schaftes ist wie beim Hochfachwebstuhl mit
Obertritten oder Marionetten verschnürt. Die Obertritte selbst sind
durch Schnüre mit einem Umlenkhebel verknüpft. Dieser Umlenkhe-
bel, der sich unterhalb der kurzen Marsche befindet, wird Quertritt
genannt.
Der Tritt (Fußpedal) ist zum Hochziehen eines Schaftes, mit dessen
Quertritt und zum Schwenken eines anderen Schaftes mit dessen kur-

zer Marsche verschnürt. Wäre der Tritt mit der kurzen Marsche und dem Quertritt desselben Schaftes verschnürt, würde beim Niedertreten des Fußpedals nichts passieren, da man einen Schaft nicht zugleich nach unten und nach oben ziehen kann.

Hat man daher zwei Schäfte zu bedienen, ist die Verschnürung noch relativ einfach. Man verbindet ein Fußpedal mit der kurzen Marsche eines Schaftes, um diesen Schaft samt seinen Fäden nach unten zu ziehen, und mit dem Quertritt des zweiten Schaftes, um diesen Schaft mit seinen Fäden hochzuziehen. Die Kette wird bei dieser Fachöffnung nicht so stark »traumatisiert«, da jedes Fadenband nur die Hälfte des Weges zurückzulegen braucht.

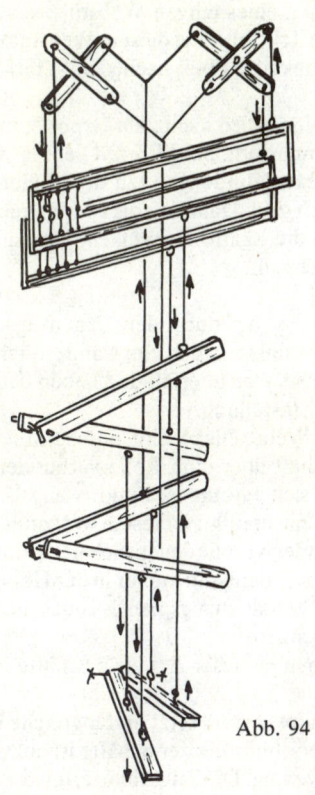

Abb. 94

Die Verschnürung wird erheblich komplizierter, wenn 5–6 oder 10 Schäfte zu bedienen sind.

Jeder Tritt muß ein Befehl zu einer Fachöffnung sein: zum Beispiel die Schäfte 1–3–5–7–9 heben und die Schäfte 2–4–6–8–10 senken. Der Tritt muß daher mit den kurzen Marschen der zu senkenden Schäfte 2–4–6–8–10 und mit den Quertritten der zu hebenden Schäfte 1–3–5–7–9 verschnürt sein.

Auf diese Weise muß jeder Tritt entsprechend dem Tretfolgeplan programmiert werden. Das ist einfach zu verstehen, aber weniger einfach auszuführen, wenn man es am Webstuhl mit einem »Wald von Stäben«, Löchern und Schnüren zu tun hat.

Diese Verschnürungsarbeit, die unerläßlich ist, zahlt sich jedoch nur für die Vorbereitung eines langen Webstückes aus. Es ist außerdem notwendig, daß die Trittfolge bei diesem Webstück gleichbleibt, da die Tritte der Schnelligkeit halber nach dem Tretfolgeplan verschnürt werden.

Dieser Webstuhl eignet sich nicht zum Experimentieren oder zur Anfertigung von Webmustern. Sein Vorteil liegt im Weben langer Webstücke mit komplexen Bindungen, zu deren Herstellung mehr als 6 Schäfte erforderlich sind. Da alles vorprogrammiert wird und die Hebeln im Webstuhl die Kräfte übersetzen, geht die Arbeit an diesem Stuhl leicht und schnell.

Jetzt brauchen wir uns nur noch, den Gegenzugschaftwebstuhl anzusehen. Dieser Webstuhl ist in den Nordländern sehr beliebt. Anfänger kaufen ihn manchesmal zu übereilt und haben dann einige Schwierigkeiten mit seiner Einstellung.

Das Prinzip dieses Webstuhls scheint einfach zu sein. Ein Schaft ist mit einem anderen Schaft über eine Rolle verbunden. Wenn man einen Schaft hebt, senkt sich automatisch und zwangsläufig der andere (gerade das finde ich nachteilig an diesem Webstuhl). Die Kettfäden in den zwei miteinander verbundenen Schäften sind nicht leicht überblickbar, da sich ein Fadenband immer in der Höhe und das andere unten befindet. Der Schafteinzugsplan ist auch nach diesen Gesichtspunkten zu überdenken.

Andererseits können in dieser Art viele Schäfte miteinander verbunden werden.

Der Gegenzugschaftwebstuhl setzt umfangreiche Bindungskenntnisse voraus. Für die Verschnürung der Schäfte ist außerdem eine gute Dosis an Geduld notwendig. Die Zugschnüre, die die Schäfte an ihren äußeren Enden über 2 Rollen heben, müssen gleich lang sein, damit sich auch alle Schäfte in gleicher Höhe befinden. Die Kette muß in ihrer Ruhelage im mittleren Teil des Kammes liegen, da es sich ja auch um ein Hoch- und Tieffachsystem handelt.

Die Webladen

Die Blattlade
Die Blattlade kann von oben oder von unten gelenkt werden. Bei der von unten gelenkten Lade, der Stehlade, ist zu sagen, daß sie härter und regelmäßiger anschlägt, wenn man sie immer durch ihr eigenes Gewicht nach vorn fallen läßt. Weichere Anschläge sind aber mit dieser Lade etwas schwieriger zu erzielen, da man die Lade führen und unterstützen muß, damit sie nicht so hart anschlägt. Das gilt besonders für schwere Laden in Berufswebstühlen und für sehr breite Laden. Oft sind aber diese Laden mit einer Reguliervorrichtung ausgerüstet, die diese störenden Effekte beseitigt.
Diese Stehladen sind in der Höhe nicht so leicht verstellbar wie die Hängeladen. Die Stehladen zwingen Sie vor allem (wenn die Lade keine Spezialvorrichtung besitzt), zwei Bewegungen auszuführen: ein Vor- und ein Zurückschwingen, was den Eindruck des Ruderns vermittelt.

Die Hängelade
Wenn diese Lade im richtigen Gleichgewicht aufgehängt ist, braucht sie nach dem Vorziehen nicht mehr zurückgestoßen zu werden. Es genügt sie auszulassen, damit sie in ihre Ausgangsstellung zurückkehrt. Diese Lade läßt sich leicht in der Höhe verstellen; das ist praktisch bei der Regulierung der Ketthöhe. Aber vor allem läßt sie sich, je nachdem wie weit die Webarbeit fortgeschritten ist, mehr nach vorn zum Brustbaum oder mehr nach hinten zu den Schäften verstellen.
Das gilt allerdings nur für Webstühle mit kleineren Breiten. Eine Lade in einem 2,50 m breiten Webstuhl z. B. alleine nach vorn oder nach hinten zu rücken, stellt eine sportliche Meisterleistung dar, die man nicht mehrmals am Tag wiederholen möchte.
In kurzen Worten:
Die Hängelade ist vielleicht für einen Amateurwebstuhl, der nicht zu breit ist und auf dem man Teppiche und leichte Stoffe weben möchte, etwas vorteilhafter als die Stehlade. Die Hängelade ist aber wiederum

viel schwieriger selbst zu bauen. Bei den Berufswebern richtet sich diese Frage nach den jeweiligen Webarbeiten.

Die Webkämme

Es gibt im Handel die sogenannten Zinnbund- und die sogenannten Pechbundwebkämme. Es sind Kämme, die in die Webladen der Handwebstühle eingesetzt werden können.

Diese Kämme werden auch in der Industrie und – da sie ebenso fest verschweißt wie verpicht sind – im Berufsgebrauch auf Handwebstühlen verwendet.

Die Zähne des Zinnbundwebkammes sind verschweißt, die des Pechbundwebkammes zwischen zwei Holzleisten verpicht. Der Pechbundwebkamm wird für die industriellen Webstühle benutzt. Das stellt eine Gewähr für die Haltbarkeit dieser Kämme auf Handwebstühlen dar, die einen viel geringeren Produktionsausstoß als die Industriewebstühle haben.

Daneben sollten Sie wissen, daß diese Kämme selten rostfrei sind (das käme zu teuer). Sie müssen deshalb sorgsam gewartet werden.

1. Bevor Sie den Kamm weglegen, ölen Sie ihn leicht ein und umwickeln Sie ihn mit Plastikpapier.
2. Lagern Sie ihn nicht sehr lange senkrecht. Stützen Sie ihn ab, damit er sich nicht verbiegen kann.
3. Vermeiden Sie es, die Zähne mit Ihren Fingern zu berühren. Der Säuremantel Ihrer Finger würde sich darauf abzeichnen.

Die Kämme werden in verschiedenen Zahneinteilungen angeboten. Wenn Sie vorhaben, mit verschiedenen Materialien zu weben, sollten Sie sich die gängigsten Kämme mit folgenden Zahneinteilungen besorgen:

Ein Kamm mit 30 Zähnen auf 10 cm, d. h. ein 3er Kamm (in Frankreich findet man diesen Kamm eher mit 28 Zähnen auf 10 cm).

Dieser Kamm kann auf dreierlei Art verwendet werden: als 3er Kamm, als 6er Kamm, wenn zwei Fäden pro Zahn eingezogen werden (ist ohne Nachteil für den Stoff) und als 1,5er Kamm, wenn ein Zahn übersprungen wird.

Ein Kamm mit 40 Zähnen auf 10 cm, d. h. ein 4er Kamm. Dieser Kamm kann mit 4 Fäden pro cm verwendet werden, aber auch mit 8 Fäden pro cm, wenn 2 Fäden in jedem Zahn eingezogen werden (bemerkt man überhaupt nicht im Stoff, selbst wenn ein zweifaches Garn benutzt wird) und als 2er Kamm, wenn ein Zahn übersprungen wird.

Mit diesen 2 Kämmen können Sie bereits arbeiten.

Es gibt natürlich noch Kämme in allen anderen möglichen Zahneinteilungen, von 1 Faden auf den cm bis zu 20 Fäden und mehr auf den cm.

Die Zubehörteile

Wir haben nicht alle Zubehörteile benutzt, die man im allgemeinen in einer Webereiwerkstatt findet.
Es wäre aber zweckmäßig, wenn Sie über alle Zubehörteile Bescheid wissen. Es gibt nicht so viele Zubehörteile, aber jedes von ihnen kann eine nützliche Arbeitserleichterung bringen.

Der Kreuzkamm

Wir haben gesehen, daß wir zum Scheren einer Kette ein Spulenbrett benutzten, um die Fäden in Teilabschnitten auf den Kettbaum zu wickeln. Das Fadenkreuz haben wir von Hand eingelesen (siehe Seite 81–89).
Es gibt nun einen kleinen Kamm, der dem englischen Kamm ähnlich ist (Abb. 7). In die Lücken und Stäbe des kleineren Kammes können aber dickere Fäden als im englischen Kamm eingezogen werden. Man nennt ihn in der Industrie wie in der Handweberei Kreuzkamm. Er wird aus Metall oder aus Plastik hergestellt.
Man hängt diesen Kamm auf einen der Webstuhlschäfte auf. Alle Litzen des Schaftes werden nach links geschoben. Während des Aufbäumens kann der Kreuzkamm von rechts nach links weitergeschoben werden.
Die 20 Fäden, die in richtiger Abwickelrichtung vom Spulenbrett ablaufen, werden in den Kreuzkamm eingezogen: ein Faden in eine Stablücke, ein Faden in einen Stabzwischenraum. Die Fäden werden genauso eingezogen, wie wir es beim englischen (oder peruanischen) Webkamm auf dem Webgerät mit Rückengürtel gemacht haben.
Die Kettfäden werden anschließend um den Einlegestab des Kettbaums geknotet. Das weitere Kettbäumen ändert sich nicht (siehe Seite 83). Anstatt aber das Fadenkreuz von Hand einzulesen (einflechten von 2 Fäden in die Kette, damit die Kette in Ordnung bleibt und sich nicht verwirren kann), braucht jetzt nur der Kreuzkamm angehoben zu werden, um das erste Fadenkreuz zu bilden, und gesenkt zu werden, um das zweite Fadenkreuz herzustellen.
Die Kettfäden müssen jetzt nur mehr abgeschnitten und geknotet werden (damit das Fadenkreuz nicht wieder herausrutschen kann).

Der Kreuzkamm wird weiter nach links geschoben, damit er sich in der Höhe der nächsten 20 aufzubäumenden Kettfäden befindet.

Das Scherbrett

Dieses Zubehör wird nicht verwendet, wenn eine Kette mit oder ohne Hilfe eines Kreuzkammes direkt aufgebäumt wird: Die Kettfäden rollen in diesem Fall von 10 oder 20 vollaufgewickelten Spulen ab.

Das Scherbrett hätte aber zum Beispiel verwendet werden können, als wir Sie baten, eine 3 oder 4 Meter lange Kette für das afrikanische Webgerät vorzubereiten.

Das Wandscherbrett besteht aus einer Holzplatte von ungefähr 1 mal 2 Metern. In dieser Platte sind 4 Holzpflöcke von 10 cm Länge in einem Abstand von 1 m angebracht.

Um eine Kette von 4 Metern zu bekommen, befestigt man den Anfang des Kettfadens an einem oberen oder unteren Holzpflock. Die Kette wird in Z-Form um die 4 Pflöcke gewickelt und wieder zurückgewikkelt, damit der Faden zum Ausgangspflock zurückkehrt.

Auf diese Weise läßt sich ohne große Mühe eine Kette von 4 Metern vorbereiten. Bringt man unmittelbar neben dem 1. Pflock einen zusätzlichen Pflock an, kann man ein Fadenkreuz bilden. Das Fadenkreuz soll die 20 so vorbereiteten Fäden für das Aufbringen auf den Webstuhl in Ordnung halten.

Zu diesem Zweck führt man die Fäden wie beim Weben um die zwei nebeneinander angebrachten Pflöcke herum: einmal unter, einmal über dem Pflock. Das Fadenkreuz wird abgebunden, damit es nicht aufgeht, wenn die 20 Fäden vom Scherbrett abgenommen werden, um die nächsten 20 Fäden darauf vorzubereiten.

Der Scherrahmen

Der Scherrahmen, der die gleichen Funktionen erfüllt wie das Scherbrett, ist aber ein entwickelteres Gerät.

Mit ihm kann eine größere Anzahl von Kettfäden mit Fadenkreuz sicherer und ohne Anstrengung vorbereitet werden. Da der Scherrahmen sehr teuer ist, wird er fast nur von Berufswebern verwendet.

Trotzdem kurz sein Aufbau: er besteht aus einem mehr oder weniger großen Zylinder (4 Meter Umfang bei einem kleinen Scherrahmen), der auf einem Fußgestell steht und sich mit Hilfe eines Kugellagers dreht.

Das Spulenbrett

Dieses Spulenbrett wird von uns nur zum Aufbäumen einer Kette in Teilabschnitten auf einem Webstuhl oder auf einem Gobelinwebstuhl verwendet. Das Brett ist leicht selbst zu bauen (Abb. 62). Es ist nur darauf zu achten, daß die Nägel im richtigen Abstand zur Spulengröße eingeschlagen werden. (Die Spulen sind daher vorher zu kaufen).

Stellen Sie die Spulen im vorgesehenen Abstand auf das Spulenbrett. Zeichnen Sie die Stelle der Spulen nach, damit selbst die vollaufgewickelten Spulen während des Abspulens nicht aneinanderstoßen. Stellen Sie die Spulen wieder weg und markieren Sie die Mitte der Stellen, auf denen die Spulen gestanden sind.

Bohren Sie ein Loch in diese Mitte. Das Loch soll etwas kleiner sein als der Durchmesser der Nägel. Schlagen Sie die Nägel dann kräftig in das Brett, damit sie gut halten.

Es wäre natürlich besser, anstelle der Nägel Gewindestifte zu verwenden, die über und unter dem Brett verschraubt werden können.

Das Spulengatter

Es handelt sich um einen Spulenhalter mit Fußgestell: jede Spule steckt auf einer Achse, um die sie sich mehr oder weniger frei herumdrehen kann.

Während der Garnabwicklung muß die Spule, die lose auf der Achse steckt, gebremst werden, damit sich das Garn nicht zu schnell abspult und die aufgebäumte Kette eine schlechte Spannung erhält.

Auf dem Spulenbrett werden die Spulen, die ungefähr mit dem gleichen Garngewicht belastet sind, durch die Reibung gebremst. Aus diesem Grund ist das einfache Spulenbrett oft dem Spulengatter – soferne es kein eigenes Bremssystem besitzt – vorzuziehen.

Das Spulenbrett kann auf dem Webstuhl oder ganz in der Nähe des Webstuhls auf ein Möbelstück gestellt werden. Das Spulengatter muß aber in relativ größerer Entfernung von dem Baum, auf dem die Kette gewickelt wird, aufgestellt werden, damit sich die unteren Spulen unter den gleichen Bedingungen wie die oberen Spulen abwickeln können.

Das Spulrad

Wie es bereits sein Name sagt, dient das Spulrad zum Spulen. Es ist praktisch unerläßlich, um Spulen für das Aufbäumen der Kette in Teilabschnitten korrekt und schnell zu füllen. Jene Weber, die einen Webstuhl mit Wurf- oder Schnellschützen besitzen, brauchen das

Spulrad außerdem, um die Schußspulen für diese Schützen aufzuspulen.

Das Spulrad erinnert an einen kleinen Handmühlstein, dessen Mühlstein durch eine Spezialspindelfeder ersetzt worden wäre. Die Spulen oder die Schußspulen werden auf diese Spindelfeder gesteckt.

Es gibt elektrische Spulräder. Da sie sehr teuer sind und eine hohe Spulgeschwindigkeit haben, halten wir sie als Zubehörteile der Berufsweber. Ihre hohe Laufgeschwindigkeit setzt voraus, daß man eine große Anzahl von Spulen oder Schußspulen aufzuwickeln hat. Außerdem braucht man Erfahrung zu ihrer Handhabung.

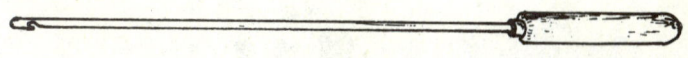

Abb. 95

Die Einziehnadel

Wir haben dieses Instrument für den Schaft- und den Kammeinzug gebraucht (wir hatten Ihnen vorgeschlagen, eine Häkelnadel zu verwenden).

Sobald man an einem Webstuhl mit Schäften und Blattlade arbeitet, halten wir dieses Gerät für unerläßlich und sehr zweckmäßig. Die Einziehnadel besteht aus einem Haken an einem langen, dünnen und flachen Eisenstab, der auf einem Holzgriff montiert ist.

Dieser flache Eisenstab läßt sich sehr leicht durch die Zähne der feinen Webkämme und durch die Augen der Litzen stechen. Er ist lang genug, damit die Fäden nicht zweimal eingezogen werden müssen: einmal, um die Kettfäden in den Webkamm und das zweite Mal, um die Fäden in die Litzen einzuziehen. Diese 2 Arbeitsgänge wären nur ein Zeitverlust und eine Quelle möglicher Irrtümer, da sich die Fäden während des Kammeinzugs überkreuzen könnten.

Die Garnhaspel

ist ein praktisch unerläßliches Webzubehör. Da es in der Breite regulierbar ist, ermöglicht es das Abhaspeln von Garnsträngen in allen oder nahezu in allen Größen.

Die Haspel besteht im Prinzip aus einer Vielzahl von hölzernen Gelenkstangen. Sie läßt sich wie ein Schirm öffnen, daher ihr Name: Schirmhaspel.

Es gibt ein klassisches Modell für Wolle und andere Materialien, die in Strangform vorkommen, und ein Spezialmodell für Flachs, dessen Stränge viel größer sind als die der Wolle.

Natürlich gibt es diese Garnhaspel noch in anderen, mehr oder weniger komplexen Formen. Das Modell »Schirm« wird jedoch am häufigsten verwendet, da es zweckmäßig und nicht zu teuer ist. Die Schirmhaspel nimmt außerdem nicht viel Platz weg und kann mit Hilfe eines Schraubstockes an einen Tisch, einen Sessel oder sogar eine Tür befestigt werden.

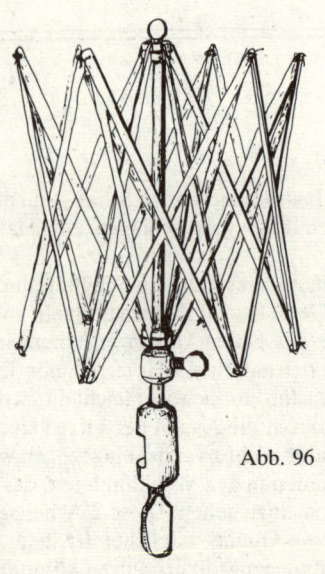

Abb. 96

Die Weberschützen

Die Webnadel oder das Flachschiffchen
Die einfachsten Weberschiffchen bestehen aus einem Stück Karton
oder aus Holz, an deren Seiten eine Kerbe zum Festklemmen des Fadens geschnitten ist. Man findet sie im Handel unter dem Namen
»Webnadel« oder »Flachschiffchen«. Es gibt sie in den Längen zwischen 20 und 100 cm.
Obwohl es vielleicht logisch wäre, ist es nicht ratsam, Schiffchen zu
verwenden, die genauso lang oder sogar länger als die Breite des Webstückes sind. Ab einer Webbreite von 60 cm ist es in jedem Fall praktischer mit einem Schiffchen zu arbeiten, das kürzer als die Breite der
Webarbeit ist. Die Hand, in der das Schiffchen gehalten wird, kann
immer ein Stück mit in das Fach geführt werden, ebenso wie die andere
Hand, die das Schiffchen auf der anderen Webstuhlseite wieder er-
greift. Sie ersparen sich dadurch das Herausziehen eines riesigen Stabes aus dem Fach und die Vollbringung einer Leibesübung, die eher
ermüdend als wirksam ist. Vergessen Sie nicht, rechtzeitig Faden aus
den Kerben zu ziehen (lang genug), wenn Sie nicht wollen, daß Ihre
Webkanten darunter leiden.

Der Handschützen mit Laufspule
Um die beiden Nachteile des Flachschiffchens zu vermeiden – keine
automatische Fadenabwicklung und Austritt eines langen Stabes aus
dem Fach –, wurde der Handschützen mit Laufspule erfunden.
Dieser Handschützen sieht wie ein Holzschuh aus, dessen beide Enden
gleich wären. Im Inneren dieses Schützens befindet sich ein aufstellba-
rer Zapfen, auf dem eine hohle mit Schußgarn aufgewickelte »Papier-
oder Holzzigarette« gesteckt wird.
Nicht der Zapfen, sondern die Schußspule auf dem Zapfen dreht sich.
Der Faden tritt durch eine Öffnung in der Mitte aus und spult sich je
nach Bedarf ab.
Damit sich das Garn abspult, genügt es, wenn der erste eingetragene
Schuß fest verwebt ist und der Schützen kräftig durch das zweite Fach
von einer Webstuhlseite zur anderen geworfen wird, wo eine Hand auf
ihn wartet, um ihn abzufangen.

Der Handschützen mit Schleifspule
Dieser Schützen wird nur von Webern verwendet, die mit Schützenschlag arbeiten. Der Schützen besitzt Rollen (oft, aber nicht obligato-

risch), die ihm ein besseres Gleiten ermöglichen (die Schützen ohne Rollen sind wie Skis gewachst).

Die Trägerachse der Schleifspule besteht aus einer starken Feder, die während der Abwicklung der Schußspule in wippende Bewegung gerät. Die Schußspule, die auf dieser Feder steckt, braucht sich daher überhaupt nicht zu drehen.

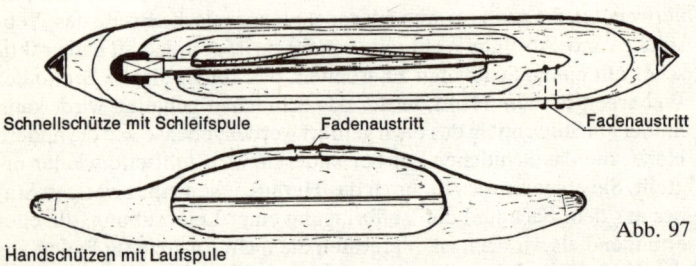

Schnellschütze mit Schleifspule   Fadenaustritt   Fadenaustritt

Abb. 97

Handschützen mit Laufspule

Damit sich das Garn abrollt, muß die Schußspule ganz anders und mit besonderer Sorgfalt gespult werden. Ist dies nicht der Fall, besteht die Gefahr, daß der Faden blockiert, während der Schützen mit voller Kraft eingeschossen wird. Der Schaden, der dabei entsteht, ist groß: gerissene Fäden, übel mitgenommene Kantenabschlüsse.

Der Faden tritt durch eine seitliche Öffnung am Ende des Schützens aus. Die Endspitzen des Schützens sind aus Stahl und nach aufwärts gerichtet, damit sie gut in das Fach eindringen können: Es ist wichtig, wenn diese kleine »Rakete« durch das Fach schießt, daß das Fach weit geöffnet ist und die Kettfäden gut gegeneinander abgehoben sind.

Manche Schützen sind mit mehreren Öffnungen (Porzellanösen) versehen. Man verwendet diese Ösen, um den Austritt eines Fadens, der sich zu schnell abrollt, zu verlangsamen (sehr glattes Material oder Garne, die für die Ösen zu dünn sind, usw.). Der Faden muß dann durch die erste, die zweite Öse usw. eingezogen werden und tritt erst bei der letzten Öse wieder heraus.

Denken Sie auch daran, daß der Faden auf jener Seite des Schützens heraustreten muß, die dem Stoff und nicht dem Webkamm zugewandt ist.

Herstellung der Schußspulen: Schützen mit Schleifspule
Bei den Schleifspulen muß zuerst die dickste Stelle der Spulenhülse
2 cm breit mit Garn aufgewickelt werden. Dann werden ohne nach
rückwärts zu spulen, die nächsten 2 cm der Hülse mit Garn gefüllt. Es
folgen wieder 2 cm, usw.
Die fertige Spule darf nicht zu dick sein, d. h. der Faden darf nicht an
die Schützenwand stoßen, an der er hängenbleiben könnte und dann
abreißen würde.

Die Ski-Weberschiffchen
Sie dürfen nicht vergessen werden, da sie mit ihren aufgestellten Nasen
und ihrem großen Fassungsvermögen praktischer als die Flachschiffchen sind.

Die Flickenschiffchen
Sie bestehen aus einer Holzplatte, die an beiden Enden wie Skispitzen
aufgestellt sind. In die Holzplatte sind zwei Kerben zum Festklemmen
der Stoffstreifen geschnitten.

Die Gobelinspulen
Sie dienen nicht nur, um den Gobelinfaden aufzubewahren, sondern
auch um den Schuß anzuschlagen. Der obere Knopf der Spule hält mit
Hilfe eines Zugknotens den Faden zurück, der gerade nicht gebraucht
wird, da die Gobelinspule vor allem in der Hautelisse-Weberei verwendet wird. Die Spitze der Gobelinspule wird zum Anschlagen des
Schusses nach der Höhe der Kettöffnung zugeschnitten.

Die Aubussonflöten
Für die Basselisse-Weberei werden »Flöten« aus Holz verwendet, die
man mit Hilfe eines Spulrades füllt.

Der Breithalter
Dieses Zubehörteil setzt sich aus zwei ineinanderverschiebbaren Leisten zusammen. Die äußersten Enden dieser Leisten sind mit sehr
dünnen Metallspitzen versehen, die in die Webkanten eingesteckt
werden und den Stoff auf seiner vorgesehenen Breite halten (vor allem
bei Schützenschlag).
Trotz dieses Breithalters muß jedoch der eingetragene Schußfaden
länger sein, als die Webware breit ist (siehe Schußwinkel, Abb. 22).

Der Schußschlegel

Wir haben einige dargestellt (Abb. 19). Anfänger können die Schuß-schlegel durch eine Tischgabel oder ein Stück Holz, den Anschlagstab, ersetzen.

Für Berufsteppichweber ist der Schußschlegel unerläßlich, weil er schwer ist. Er ist aber auch für Laienweber zweckmäßig, die mehrere Stunden in der Woche am Webstuhl arbeiten.

Der Schußschlegel, der Kamm und die Gabel werden bei geschlosse-nem Fach verwendet; der Anschlagstab bei offenem Fach.

In der Gobelinweberei wird der Schuß mit Hilfe der Gobelinspule an-geschlagen, deren Spitze nach der Höhe der Kettöffnung zugeschnit-ten wird.

Beschreibung eines vierschäftigen Standwebstuhls mit vier Tritten

1. Feste Teile

Rahmengestell:
Festes Element (Grundgerüst – Hauptkörper) des Webstuhls, in dessen Inneren sich die mobilen Teile bewegen.
Das Rahmengestell besteht aus Längs- und Querbalken.

Streich- und Brustbaum:
Horizontale Balken vorn und hinten am Webstuhl, über die die Kette bzw. der fertige Stoff läuft. Diese Balken erhalten die waagerechte Laufrichtung von Kette und Stoff.

2. Mobile Teile

Webgeschirr:
Summe der Elemente, die zur Aufhängung der Schäfte (Träger der Litzen) notwendig sind. Die Schäfte heben oder senken die Kettfäden für den Schußdurchgang.

Schäfte:
Diese Elemente bestehen entweder aus Tragschienen, auf denen die Metallitzen gleiten oder aus Schaftstäben, auf denen die Garnlitzen direkt hängen. Die Schäfte sind auf ihrer Unterseite mit den kurzen Marschen und auf ihrer Oberseite mit den Obertritten verbunden.

Litzen oder Helfen:
Elemente aus Baumwollgarn oder Stahldraht, die zur Aufnahme eines Kettfadens eine Öse in der Mitte haben.

Obertritte:
Holzstäbe, die in Kontermarschstühlen durch eine Verbindung mit den Tritten (mit Hilfe von Zugschnüren) die Schäfte bewegen können.

Tritt:
Pedal, mit dem die Schäfte entweder direkt mit Hilfe einer Zugschnur oder mit Hilfe des Quertrittes, der Obertritte, einer Kette oder Kordel bedient werden.

Quertritt:
Hebel, der die Bewegung der Tritte überträgt (wird vor allem auf großen Webstühlen verwendet).

Kurze Marsche:
Heebel, der in den Hoch- und Tieffachwebstühlen benutzt wird.

Weblade:
Hängendes oder stehendes Element, mit dem der Schuß angeschlagen werden kann. Die Lade führt abwechselnd eine Vor- und Rückwärtsbewegung aus. Sie besteht aus einem Ladenklotz, auf dem der Schützen läuft, einem Ladendeckel und einem Ladenbalken, zwischen denen der Webkamm befestigt ist. Die Lade besitzt auch oft zwei Schützenkästen und einen Peitschenarm.

Schützenkasten:
Rechts und links des Ladenklotzes angeordnetes Element. In der Verlängerung des Ladenklotzes befindet sich eine Schlagvorrichtung, die mit der Peitsche verbunden ist.

Peitsche:
Dient zum Schlagen der Schützen. Besteht aus einem Griff, einer Kordel und einem Befestigungsriemen.

Kettbaum:
Holzzylinder auf der Rückseite des Webstuhls, auf den die zum Verweben bestimmte Kette aufgewickelt ist. Die Bremsblockierung ist über eine Sperrklinke und ein Zahnrad regulierbar.

Warenbaum:
Holzzylinder auf der Vorderseite des Webstuhls. Um diesen Zylinder wird das fertige Gewebe aufgerollt. Regulierung des Warenbaums über eine Sperrklinke mit Zahnrad.

Stuhlbremse:
Gewichte zur Erhaltung der Kettspannung.

Den Webstuhl herrichten

I. Vorbereitung des Webstuhls

Die Weblade senken und den Brustbaum, wenn möglich, entfernen.
Sich bequem niedersetzen.

II. Berechnung der Kettgarnlänge

1. Titer:
Er müßte vom Garnhersteller angegeben sein.
Der Titer kann aber auch selbst bestimmt werden: mit Hilfe des Kett-
baums und eines 100 oder 50 g schweren Garnknäuels oder Garn-
stranges.
Der Titer gibt die Meteranzahl in einem Kilogramm an.

2. Länge des Kettfadens:
Gewünschte Gewebelänge (eventuell+ Fransen oder Saum).
+ Endabfall am Kettbaum, je nach Webstuhl.
+ Abfall durch Anweben.
+ 10 % für den Längenschwund der Kette.
Beispiel: Für 2 m sind vorzusehen:
2 m+ 0,70 m+ 0,20 m = 2,90 m.
Um den Endabfall zu verringern, hängt man den Einlegestab des
Kettbaums an Baumwollschnüre und verbraucht möglichst wenig Fa-
den zum Anknüpfen der Kette.

III. Berechnung der Kettfadenanzahl

1. – in Funktion der gewünschten Breite und Struktur des Gewebes.
2. – in Funktion des verwendeten Webkamms und der Anzahl be-
   nutzter Zähne.
Beispiel: Für einen 1 m breiten Stoff muß man 400 Fäden einplanen,
wenn man in jeden Zahn eines 4er Kammes (40 Zähne pro cm) einen
Faden einzieht. Man muß 200 Fäden vorsehen, wenn man nur in jeden

zweiten Zahn eines 4er Kammes einen Faden einzieht.

Man braucht 800 Fäden, wenn man 2 Fäden in jeden Zahn eines 4er Kammes einzieht.

Anmerkung: Die Art des Kammeinzuges ist vollkommen unabhängig von der Art des Schafteinzuges. Zum Beispiel nicht verwechseln: 2 Fäden durch einen Zahn und 2 Fäden durch eine Litze ziehen.

IV. Scheren

A Indirektes Anscheren der Kette
mit einem Scherrahmen oder einem Wandscherbrett
— Wickeln Sie 10 oder 20 Fäden in der gewünschten Länge auf das Schergerät. (Stellen Sie es aber vorher entsprechend ein).
— Bilden Sie das Fadenkreuz, binden Sie es ab.
— Flechten Sie einen Zopf aus dem Bündel von 10 oder 20 Fäden.
— Bringen Sie diese Kette zum Kettbaum.
— Wiederholen Sie den gleichen Arbeitsgang für die nächsten 10 oder 20 Fäden. Fahren Sie in dieser Weise fort, bis Sie die vorgesehene Anzahl Kettfäden geschoren haben.
— Ziehen Sie die Zöpfe der Bündel auf und wickeln Sie alle Fäden auf den Kettbaum.
— Knüpfen Sie die Fadenbündel am Kettbaum auf und schieben Sie zwei Leisten in das Fadenkreuz oder lesen Sie zwei Kreuzfäden ein.
— Beginnen Sie mit dem Schafteinzug.

B Direktes Anscheren der Kette in Teilabschnitten
Unserer Meinung nach am leichtesten auszuführen.
1. Füllen der Spulen: Wenn das Spulenbrett für mindestens 20 Spulen vorgesehen ist, berechnen Sie die notwendige Meteranzahl pro Spule in bezug auf die Anzahl und Länge der Kettfäden.
   Beispiel: Um mit 20 Spulen 400 Fäden von 1 m Länge zu bekommen, muß man 20 Meter auf jede Spule wickeln, d. h. 20 Spulen mit 20 Metern füllen. Aber auch beim Aufspulen ist mit einem Abfall von 10 % für die Knoten zu rechnen. Es sind daher 22 Meter für jede Spule vorzusehen.
   Einfacher als diese Vorkalkulation ist dann das Aufwickeln der Spulen.
2. Aufstecken der Spulen auf das Spulenbrett oder das Spulengatter.

Genau die Ablaufrichtung der Spulen überprüfen, damit das Garn flüssig abrollen kann. Stellen Sie das Spulenbrett oder das Spulengatter hinter oder auf den Brustbaum.

3. Einziehen der 20 abgespulten Fäden in den Kreuzkamm, der auf dem Streichbaum steht oder auf einem Schaft hängt. Das Einziehen erfolgt mit Hilfe der Einziehnadel:
1 Faden in eine offene Kammlücke, 1 Faden in eine geschlossene Kammlücke.

Anmerkung: Während des Schervorganges:
- Achtung auf die Knoten in der Kette
- Achtung auf leer gewordene Spulen

4. Anknüpfen der durch den Kreuzkamm gezogenen Fäden am Einlegestab des Kettbaums. Es wird rechts begonnen (die Entfernung zur Mitte muß identisch sein mit der Hälfte der Warenbreite).
   - Gleichen Sie die Länge aller Kettfäden ab und machen Sie einen Knoten am Ende der Fadenschar.
   - Rasten Sie den Kettbaum aus.
   - Stecken Sie den Knoten in die Schlinge der am Kettbaum befestigten Schnur oder stecken Sie ihn direkt in den Einlegestab des Kettbaums.

V. Bäumen

- Drehen Sie den Kettbaum und machen Sie soviele Umdrehungen wie notwendig sind, um die Kette in der gewünschten Länge zu erhalten. (Beispiel: Um eine Kette von 3 m Länge zu bekommen, müssen Sie bei einem Kettbaumumfang von 1 Meter den Baum dreimal herumdrehen).
- Stellen Sie sich so vor den Kettbaum, daß Sie ihn gegebenenfalls mit dem Knie anhalten können.

Anmerkung: Vergessen Sie nicht, das Spulenbrett oder das Spulengatter während des Scherens weiterzurücken, damit sich die Spulen immer in gleicher Höhe mit dem Fadenband, das gerade geschoren wird, befinden.

VI. Einlesen der Kreuzfäden

- Legen Sie 2 verschiedenfarbige Schnüre bereit.

- Knoten Sie diese beiden Schnüre am Einlegestab des Kettbaums rechts vom ersten geschorenen Fadenbündel.
- Drücken Sie alle Fäden hinter dem Kreuzkamm herunter. Legen Sie die kräftiger gefärbte Schnur in das gebildete Fach.
- Heben Sie alle Fäden hinter dem Kreuzkamm an und legen Sie die andere Schnur in dieses zweite Fach.
- Legen Sie die Kreuzschnüre nach rechts zurück, indem Sie sie zum Beispiel unter dem Einlegestab »festklemmen«.
- Schneiden Sie die Fäden unter Beibehaltung ihrer Spannung 10 cm oberhalb des Fadenkreuzes ab und knoten Sie die Enden der 20 Fäden zusammen.
- Schlingen Sie den Knoten um die eigenen Fäden herum.

Anmerkung: Achtung! Spreizen Sie das Fadenband trotz des Knotens am Anfang gleichmäßig und unter Spannung auf.

- Wiederholen Sie den gleichen Arbeitsgang, bis Sie alle Fäden aufgebracht haben.

VII. Befestigen der Kreuzfäden

- Lösen Sie wieder die Fadenbündel aus Ihrer Verschlingung. Machen Sie aber nicht die Knoten am Ende der Fäden auf, damit das Fadenkreuz nicht herausrutschen kann.
- Drehen Sie den Kettbaum, so daß Sie die Fäden unter den Streichbaum nach vorn zu den Litzen ziehen können.
- Knüpfen Sie die Kreuzschnüre um den rechten und linken Webstuhlständer. Schieben Sie die Kreuzschnüre zurück, damit die Fäden in Höhe der Augenlitzen frei hängen.
- Wenn Sie genug Kette für den Einzug der Fäden in die Litzen und in den Webkamm abgewickelt haben, rasten Sie die Sperrklinke des Kettbaums wieder ein.

VIII. Schafteinzug

- Schieben Sie die Leiste wieder in das Fadenkreuz.
- Beginnen Sie, die Kettfäden auf der rechten Seite einzuziehen. Stellen Sie aber vorher die Mitte des Schaftes fest, so daß Sie die Kette gleichmäßig auf beiden Schaftseiten verteilen können.
- Jeder Kettfaden wird nach einem vorher festgelegten Einzugsplan

in die Augen der Litzen eines Schaftes eingefädelt. (Einen Einzug mit der Reihenfolge 1–2–3–4 nennt man einen geraden Schafteinzug).

Auf diesem Schafteinzug basieren alle Grundbindungen wie Leinwand, Köper usw.

Wichtig: Gewöhnen Sie sich an, zumindest nach allen 20 eingezogenen Fäden nachzuprüfen, ob der Einzug in Ordnung ist.

Brauchen Sie die ganze Schaftbreite, aber nicht alle Litzen, lassen Sie einige Litzen zwischen Ihren Kettfäden frei, damit Sie diese Litzen zum Schluß nicht stören.

IX. Anknüpfen der Kette am Warenbaum

– Drehen Sie den Kettbaum etwas weiter, damit die Fäden lang genug sind, um am Einlegestab des Warenbaums geknotet werden zu können. (Die Fäden müssen über den Brustbaum laufen).

– Knoten Sie die Kette sehr regelmäßig in kleinen Gruppen von 6–8 oder 10 Fäden fest.

Knoten: Einfacher Knoten bei grobem und haarigem Wollgarn (Abb. 63).

Doppelknoten bei synthetischem Garn oder Seide.

A) Greifen Sie unter den Stab.

B) Teilen Sie die Fadengruppe in 2 Teile (kämmen Sie die Fäden durch).

C) Ziehen Sie die beiden Teile nach außen.

D) Verkreuzen Sie sie unterhalb.

E) Fahren Sie mit dem Daumen über die Kettfäden, um die Spannung der Fäden zu regulieren.

Führen Sie die Fäden im schrägen Winkel zum Stab zurück, damit die Fadenspannung erhalten bleibt. Knüpfen Sie die Fäden fest.

X. Anweben

– Tragen Sie die ersten Schüsse ein und kontrollieren Sie, ob der Schafteinzug stimmt. Stellen Sie den Parallellauf der Kettfäden wieder her, der während des Anknüpfens in Unordnung geraten ist.

– Das Anweben erfolgt in Leinwandbindung und im Prinzip mit dem

gleichen Garn wie das der Kette (ungefähr 12 Einschüsse).
– Dieser schmale Gewebestreifen wird oft zum Umnähen als Saum vorgesehen (sauberer Kantenabschluß).

Anmerkung: Berichtigen Sie die Spannung der Kettfäden (Abb. 20), wenn Sie während des Anwebens feststellen, daß der Schuß nicht im rechten Winkel zur Kette verläuft. Die Kette ist jetzt zum Verweben fertig.

Definition der Fachausdrücke für die Vorbereitung der Kette

Aufspulen:
Aufwickeln der Kettgarne von der Strang- in die Spulenform.

Scheren:
Aufwinden der Kettfäden in parallelen Fadenscharen gleicher Länge und unter gleicher Spannung auf den Kettbaum.

Einlesen mit Gelese- oder Kreuzkamm:
Aufteilung der Kette in 2 Fadenscharen zur Trennung der geraden von den ungeraden Fäden.

Schlichten oder Leimen:
Bestreichen der Kettfäden mit einer Klebemasse, um die Haltbarkeit und die Gleitfähigkeit der Fäden zu erhöhen.

Kette:
Parallele auf den Kettbaum aufgewickelte Fäden in der Länge des Webstückes. Das Kettgarn muß fest sein. Es ist üblich, die Randfäden doppelt zu nehmen, damit die Webkanten fest und gleichmäßig werden.

Webfach:
Die vorn am Webstuhl über den Brustbaum laufenden Kettfäden lassen sich zu 2 Fadenscharen gegeneinander abheben und bilden eine V-förmige Öffnung, die das Fach genannt wird.

Litzen- oder Schafteinzug:
Die auf den Kettbaum aufgebrachten Kettfäden werden einzeln nach einer vorher festgelegten Reihenfolge in die Augen der Litzen und in die Zähne des Webkammes eingezogen.

Aneinanderknüpfen:
Eine neue Kette kann eventuell an die alte Kette geknüpft werden, wenn der Schafteinzug und die Kettfadeneinteilung gleichbleiben. Die Fäden werden von Fadenkreuz zu Fadenkreuz aneinandergeknüpft.

Knüpfen oder Knoten:
Knüpfen der Kettfäden um den Einlegestab am Warenbaum.

Anweben:
Eintragen der ersten Schüsse, um festzustellen, ob keine Einzugsfehler vorliegen. Das Anweben erfolgt im Prinzip mit dem gleichen Garn wie das der Kette. Es werden so viele Schüsse durchgegeben (in der Regel 12), bis die Kette (nach dem Anknüpfen am Warenbaum) wieder parallel liegt und die Weblinie gerade ist.

Genommen:
heißt ein Kettfaden, der über dem Schuß liegt.

Gelassen:
heißt ein Kettfaden, der unter dem Schuß liegt.

Definition der Fachausdrücke für die Vorbereitung des Schusses

Schußspulenbewicklung:
Aufwickeln des Schußgarnes auf ein Spulröhrchen. Das Aufspulen geschieht mit Hilfe eines Spulrades, einer elektrischen oder handbetriebenen Schußspulmaschine. Das Spulröhrchen wird in den Schützen oder auf eine Spule gesteckt.

Webkante:
Längsränder rechts und links des Stoffes. Denken Sie an den Schußwinkel, damit die Webkanten vollkommen gerade werden. Der Grad des Schußwinkels richtet sich nach der Stärke des Schuß- und des Kettgarns.

Breitenschwund:
Schrumpfungsverlust des Schußfadens, während er sich in die Kette einwebt.

Schuß:
Fäden, die sich rechtwinkelig mit den Kettfäden kreuzen.

Eintragen:
Den Schußfaden zwischen den Kettfäden durchgeben, um einen Stoff herzustellen.

Schußfadenfolge:
Anordnung der Einschüsse eines Stoffes, Teil der Bindung (auch: Anzahl der Einschüsse auf den cm).

Einschuß:
Schuß, der von einer Webkante zur anderen (mit dem Schützen) eingetragen wird.

Fehlerhafter Einschuß:
Schuß, der nicht regelmäßig zwischen den Kettfäden läuft.

Fachausdrücke, die für das eigentliche Weben verwendet werden

Bindung oder Kontextur:
Fadenmuster, das aus der Verbindung von Tretfolge und Kettfadeneinzug entsteht. Die Verkreuzungsart von Kett- und Schußfäden kann unendlich variieren, da die Bindung von der Art des Einzugs der Kettfäden in die Litzen (Reihenfolge des Einzugs in die Schäfte) und der Tretfolge abhängt.

Die Grundbindungen mit geradem Schafteinzug
Tretfolge: Leinwand 13–24
Panama mit doppelter Kette: 12–34
Zweibindiger Köper: 12–23–34–14
Zweibindiger Fischgrat: 12–23–34–14–34–23–12–14.

Einige andere Definitionen

Fadenkreuz bilden oder einlesen:
Die Kettfäden kreuzen, um die geraden von den ungeraden Fäden zu trennen.

Anschlagen:
Die Schußfäden aneinanderreihen.

Vorderes Kettfadenband:
Ausgebreitetes Fadenband zwischen der Weblade und dem Stoff.

Hinteres Kettfadenband:
Ausgebreitetes Fadenband zwischen dem Kettbaum und der Weblade.

Treten oder Fachbilden:
Entweder mit einem oder zwei Füßen ein oder mehrere Fußpedale
niedertreten, um ein Fach zu öffnen.

Tretfolge:
Heben von Schäften, um ein bestimmtes Fach auszuheben.

Leinenweber:
Früher Webstuhlarbeiter, der Leinen webte.

Dekatieren:
Durch Dämpfen werden die Wollstoffe weicher und glänzender gemacht (Flecken vermeiden).
Zum Dekatieren werden die Stoffe um eine Walze mit Löchern gewik-
kelt, aus denen Dampf aufsteigt.

Anmerkung:
Bei Leinen- oder Baumwollstoffen wird eher mit Seifenwasser deka-
tiert.

Titer:
Gibt die Meteranzahl Garn pro Kilogramm an.

Tretfolgeplan:
Reihenfolge der zu tretenden Tritte.

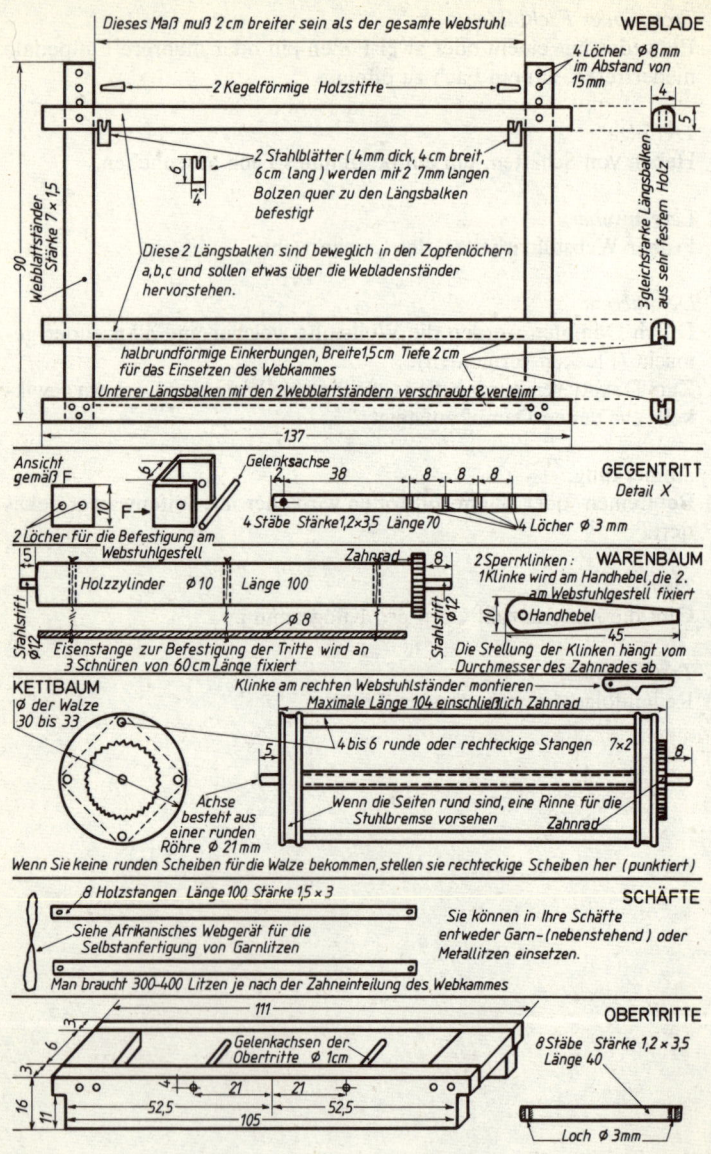

WEBLADE

Dieses Maß muß 2 cm breiter sein als der gesamte Webstuhl

4 Löcher Ø 8mm im Abstand von 15mm

2 Kegelförmige Holzstifte

2 Stahlblätter (4mm dick, 4 cm breit, 6cm lang) werden mit 2 7mm langen Bolzen quer zu den Längsbalken befestigt

3 gleichstarke Längsbalken aus sehr festem Holz

Webblattständer Stärke 7 x 1,5

90

Diese 2 Längsbalken sind beweglich in den Zopfenlöchern a,b,c und sollen etwas über die Webladenständer hervorstehen.

halbrundförmige Einkerbungen, Breite 1,5 cm Tiefe 2 cm für das Einsetzen des Webkammes

Unterer Längsbalken mit den 2 Webblattständern verschraubt & verleimt

137

Ansicht gemäß F

Gelenksachse

38

8 8 8

10

F

2 Löcher für die Befestigung am Webstuhlgestell

4 Stäbe Stärke 1,2×3,5 Länge 70

4 Löcher Ø 3 mm

GEGENTRITT
Detail X

Holzzylinder Ø 10 Länge 100

Zahnrad

8

Ø12

2 Sperrklinken: 1 Klinke wird am Handhebel, die 2. am Webstuhlgestell fixiert

WARENBAUM

Stahlstift Ø12

Ø 8

Stahlstift Ø12

10

Handhebel

45

Eisenstange zur Befestigung der Tritte wird an 3 Schnüren von 60 cm Länge fixiert

Die Stellung der Klinken hängt vom Durchmesser des Zahnrades ab

---

KETTBAUM

Ø der Walze 30 bis 33

Klinke am rechten Webstuhlständer montieren

Maximale Länge 104 einschließlich Zahnrad

4 bis 6 runde oder rechteckige Stangen 7×2

5

Achse besteht aus einer runden Röhre Ø 21 mm

Wenn die Seiten rund sind, eine Rinne für die Stuhlbremse vorsehen

Zahnrad

8

Wenn Sie keine runden Scheiben für die Walze bekommen, stellen sie rechteckige Scheiben her (punktiert)

---

8 Holzstangen Länge 100 Stärke 1,5 x 3

Siehe Afrikanisches Webgerät für die Selbstanfertigung von Garnlitzen

Man braucht 300-400 Litzen je nach der Zahneinteilung des Webkammes

SCHÄFTE

Sie können in Ihre Schäfte entweder Garn- (nebenstehend) oder Metallitzen einsetzen.

OBERTRITTE

111

6 3

Gelenkachsen der Obertritte Ø 1cm

8 Stäbe Stärke 1,2 x 3,5 Länge 40

3

16

11

21 21

52,5 52,5

105

Loch Ø 3mm

172

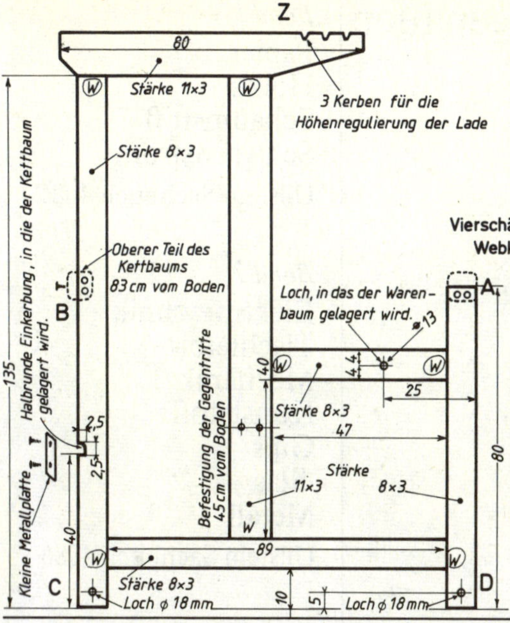

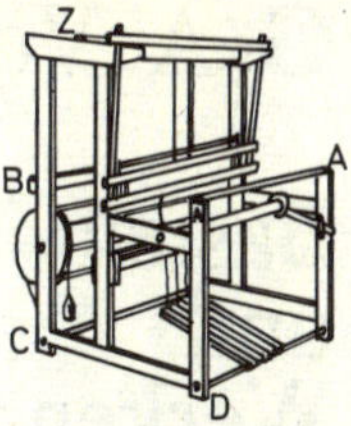

Z

80

Stärke 11×3

3 Kerben für die
Höhenregulierung der Lade

Stärke 8×3

Vierschäftiger Hochschaftstuhl
Webkamm 1 Meter

Oberer Teil des
Kettbaums
83 cm vom Boden

Loch, in das der Waren-
baum gelagert wird.

13

Die Maße sind in Zentime-
ter angegeben

Halbrunde Einkerbung, in die der Kettbaum
gelagert wird.

135

B

40

4

25

W

Stärke 8×3

47

└────┘1Kästchen = 10 cm

Holz: Buche oder Eiche
Verbindungsstelle W: Stift,
Zapfloch und Kleister

2 identische Längspfosten
Auf dem linken Webstuhl-
ständer das Achsengelenk
für die Gegentritte vor-
sehen (Detail X)

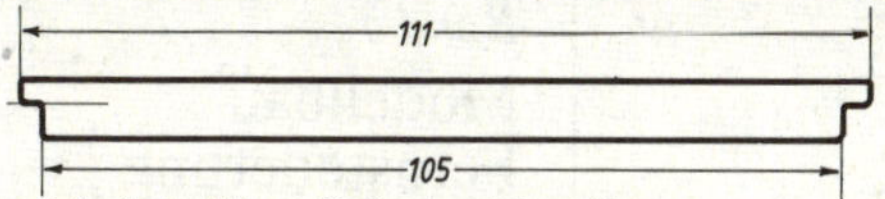

Befestigung der Gegentritte
45 cm vom Boden

Stärke

11×3   8×3

80

2,5

2,5

40

Kleine Metallplatte

89

W

C

Stärke 8×3
Loch ⌀ 18 mm

10   5

Loch ⌀ 18 mm

D

111

Seitenansicht von Streich-
und Brustbaum

Stärke 8×8

105

abgerundete Winkel

2 identische Walzen für Brust- und Streichbaum

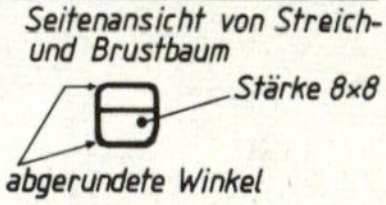

Die Befestigungsstellen der Walzen sind auf den oberen Pfosten A und B punktiert gekennzeich-
net.
Die Befestigung erfolgt mit Holzschrauben.

Wenn Sie genügend Werkzeuge haben, können Sie eine Hohlkehle in die Walzen machen und einen
langen Gewindestift an den beiden Walzenenden anbringen.

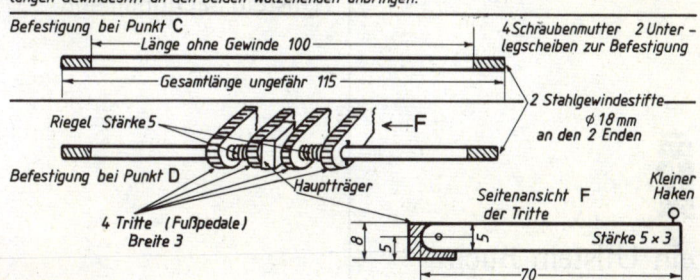

Befestigung bei Punkt C

Länge ohne Gewinde 100

4 Schraubenmutter 2 Unter-
legscheiben zur Befestigung

Gesamtlänge ungefähr 115

Riegel Stärke 5

F

2 Stahlgewindestifte
⌀ 18 mm
an den 2 Enden

Befestigung bei Punkt D

Hauptträger

4 Tritte (Fußpedale)
Breite 3

Seitenansicht F
der Tritte

Kleiner
Haken

8   5   5

Stärke 5 × 3

70

G. A. Vogenauer

Basteln und Werken

Ullstein Sachbuch

Band 1
Papier
Holz
Schaumstoff
Schwachstrom
Ullstein Sachbuch 4085

Band 2
Elektrotechnik
Tischlerei
Mechanik
Kunststoffe
Gips
Glas
Metall
Ullstein Sachbuch 4086

Band 3
Modellbau
Fernsteuerung
Radio
Ton
Foto
Ullstein Sachbuch 4087

ein Ullstein Buch

Diane Armand-Delille/ Marie-Caroline Bourrellis

Patchwork — das genähte Mosaik

Technik, Muster, Modelle

Ullstein Sachbuch 4101

Unseren Urgroßmüttern, denen in der Neuen Heimat Textilien zum Ausbessern ihrer wertvollen Steppdecken zu teuer waren und die sich deswegen mit Flecken aus den Säumen behalfen, verdanken wir Patchwork — die Kunst, kleine Stoffteile harmonisch miteinander zu verbinden.

Diese Flickarbeiten wurden im Laufe der Jahre verfeinert und führten zu kunstvollen Kompositionen, deren Aufbau und Machart von Generation zu Generation weitergegeben wurden. Jeder, der gerne selber kreativ werden möchte mit Patchwork, erfährt in diesem Buch alles Wissenswerte: vom Material über Muster bis hin zu Modellen, die leicht nachzuarbeiten sind und Anregungen geben für eigene Schöpfungen.

ein Ullstein Buch

Geneviève
Ploquin

Freizeitspaß
Häkeln

Eine Anleitung
mit vielen Modellen
für Anfänger und
Fortgeschrittene

Ullstein Sachbuch 4107

Häkeln macht Spaß! Und
dieses Buch verführt direkt
dazu, die zahlreichen
Modelle nachzuarbeiten.
Die Anleitungen sind leicht
verständlich; zahlreiche
Zeichnungen verdeutlichen die
einzelnen Arbeitsgänge.
Wichtig sind auch die kleinen
Tips und Tricks, um dem
fertigen Werk den letzten
Schliff zu geben.
Rundum ein unentbehrliches
Häkelbuch für Anfänger und
Fortgeschrittene, für jung
und alt, kurz für alle, die ihre
Mußestunden mit einer
Handarbeit genießen wollen.

ein Ullstein Buch